HÄUS

Dr. med. Björn Hollensteiner
Fotografie: Julia Hildebrand, Ingolf Hatz

DER BROTDOC

Gesundes Brot aus meinem Ofen

Backen mit naturbelassenem
Sauerteig, Hefeteig & Co.

CHRISTIAN

INHALT

Für Bahar,
Shadi, Shirin
und Sheila

VORWORT

Gutes Brot zu Hause selbst zu backen, ist viel leichter, als Sie vielleicht glauben!

Knusprige Frühstücksbrötchen, würziges Bauernbrot oder duftendes Baguette – all das können Sie selbst in Ihrer Küche herstellen.

Dieses Buch soll Ihnen dabei eine große Hilfe sein. Es ist der bisherige Höhepunkt meines bald zehnjährigen Schaffens als Hobbybäcker neben meinem Hauptberuf. Von Rezepten für aromatisches Weißbrot bis hin zum würzigen Roggenbrot begeben Sie sich hier auf eine Reise durch die deutsche, österreichische und französische Brotkultur.

Dass es dieses Buch nun gibt, habe ich vor allem meiner Familie zu verdanken. Meine vier Damen haben mir viele Wochenenden den zeitlichen Freiraum geschenkt, neue Brotrezepte zu entwickeln, zu testen und zu dokumentieren. Sie haben mich tagelang zu Backkursen fahren lassen und derweil den Alltag alleine bestritten. Und nicht zuletzt haben sie geduldig ausgehalten, während sie mich an den Bildschirm verloren, wo ich gerade diese Zeilen schreibe. Hierfür bin ich ihnen zu großem Dank verpflichtet.

Ich würde mich freuen, wenn Ihnen die Rezepte genauso viel Genuss schenken wie meiner Familie und mir.

Viel Erfolg!

Dr. Björn Hollensteiner

GEDANKEN ZU GESUNDEM BROT

Warum backt ein Hausarzt sein Brot selbst? Dafür gibt es viele Gründe. Auf den folgenden Seiten möchte ich Ihnen ein wenig meine Backphilosophie und deren Hintergründe erläutern.

Wenn Sie sich jedoch sofort ins Backvergnügen stürzen möchten, dann blättern Sie ruhig ein paar Seiten weiter, wo ich alles Wesentliche der Brotherstellung erläutere, und kommen später an diese Stelle zurück.

MEIN WEG ZU GUTEM BROT

Als ich vor etwa zehn Jahren mit dem Brotbacken ernsthaft begann, ging es mir zunächst vor allem darum, Brotsorten, die ich nicht in der gewünschten Qualität in den Bäckereien meiner Umgebung kaufen konnte, selbst herzustellen.

Es wurde mir dabei rasch klar, dass ich mit dem Backen als Hobby nicht nur die Brotqualität in unserem Haus verbesserte, sondern dass mir das Backen, Ausprobieren und Entwickeln auch mental guttat.

Gleichzeitig arbeitete ich mich in die theoretischen Hintergründe des Brotbackens ein. Ich besuchte Amateur- und Profikurse. Dabei fiel mir auf, dass Broterzeugung und die Medizin viele Berührungspunkte haben. Zusammenhänge zwischen Dingen, die ich aus meiner medizinischen Ausbildung kannte, und der Theorie und Praxis des Brotbackens wurden mir nun bewusst. Ich begriff, welchen Einfluss die Teigreifung (»Fermentation«) zum Beispiel auf die Verträglichkeit von Brot hat, und warum das so ist.

Irgendwann riet ich erstmals einem Patienten, der mir erklärte, Brot, und vor allem Weizenbrot, nicht mehr zu vertragen, in meiner hausärztlichen Sprechstunde dazu, einmal Brot selbst zu backen. Und zwar nach Rezepten, die mit Vorteigen, wenig Hefe und langen Teigreifezeiten arbeiteten. Der Patient war begeistert, da seine Beschwerden in der Folge prompt nachließen.

Dieses Erlebnis trug sich schon einige Jahre vor der Veröffentlichung wichtiger Studien zur Teigreifung und deren Bedeutsamkeit zu. Seitdem hat das Brotbacken neben dem Qualitätsaspekt und der Stressabfuhr auch noch einen medizinischen Nutzen für mich erlangt.

Sehr viele Menschen glauben, dass Brot ungesund ist, und schieben das in den meisten Fällen auf das Klebereiweiß Gluten. Viele von ihnen sitzen aber einem Trugschluss auf.

GESUNDES BROT – EIN WIDERSPRUCH?

Verdauungsbeschwerden, schmerzhafte Blähungen und Völlegefühl nach dem Essen sind ein häufiger Beratungsanlass in meiner Sprechstunde. Wenn auch Sie betroffen sind, dann wissen Sie sicher, dass eine Abklärung bei verschiedenen Ärzten unterschiedlicher Fachrichtungen nur selten zu einer hieb- und stichfesten Diagnose führt. Das liegt daran, dass die Ursachen vielschichtig und die Ausprägungen sehr individuell sind. Was Sie schlussendlich als Diagnose genannt bekommen, ist in Wirklichkeit oft eine Verlegenheitsdiagnose. Die Betroffenen kommen nach solchen Ärzteodysseen in fast allen Fällen an einen Punkt, an dem die eigene Ernährung auf den Prüfstand gestellt wird. Das ist ein Problem: Kaum ein Teil unseres Lebens besteht aus so vielen unterschiedlichen Komponenten.

Dem berühmten medizinischen Grundsatz »Das Häufige ist häufig und das Seltene ist selten« folgend, geraten dann die Grundnahrungsmittel als Erstes in Verdacht. Getreide, Getreideprodukte und damit »unser tägliches Brot« gehören neben Milch zu den ersten Dingen, die den Betroffenen und ihren Ärzten in den Sinn kommen. »Lassen Sie doch mal Brot, vor allem Weizenbrot weg!« wird den Betroffenen geraten, ohne dass hierfür nachgewiesenermaßen eine Notwendigkeit bestünde.

Mich haben solche Schnellschuss-Lösungsvorschläge immer ins Grübeln gebracht. Woher kommen solche Empfehlungen?

In den letzten zwei Jahrzehnten sind einige Bücher erschienen, in denen Getreideprodukten wie Brot eine teils absurde Schädlichkeit angelastet wird. Es soll Hauptursache vieler Zivilisationskrankheiten sein. Diese Ansichten haben inzwischen in der Gesellschaft Fuß gefasst und wurden auch medial weit verbreitet.

Inzwischen sind die Hauptthesen dieser Bücher von Ernährungswissenschaftlern, Getreideforschern und Medizinern klar und eindeutig widerlegt worden.

Brot versorgt unsere Körper mit Kohlenhydraten, Ballast- und Mineralstoffen und einigen Vitaminen, die besonders reichlich in Getreide vorkommen. Viele Jahrtausende aßen die Menschen in den meisten Erdteilen fast den ganzen Tag nur Getreideprodukte und besonders Brot in jeder Form. Meiner Meinung nach kann deshalb an dieser Stelle mit Fug und Recht behauptet werden, dass Brot ein gesundes und wichtiges Lebensmittel war und auch noch ist.

WAS KANN AN BROT SCHÄDLICH SEIN?

In den letzten Jahren mehren sich trotzdem wissenschaftlich untermauerte Hinweise, dass Brot tatsächlich Beschwerden auslösen kann. Eine kleine Gruppe von Menschen leidet an einer echten Glutenunverträglichkeit, der Zöliakie. Gluten ist ein Eiweiß, das in fast allen Getreiden natürlich vorkommt. Für diese Menschen wirkt der Verzehr von Gluten so schädigend auf Darm und Körper, dass er ernste Folgen haben kann. Die Diagnose kann ich schon in meiner Praxis relativ sicher stellen, da es einen entsprechenden Bluttest gibt.

Die Zahl der nachgewiesenen Zöliakie-Betroffenen ist jedoch seit vielen Jahrzehnten gleichbleibend und, wissenschaftlich nachgewiesen, sehr gering. Bei einer nachgewiesenen Zöliakie ist eine glutenfreie Ernährung nicht zu umgehen.

Viel mehr Menschen haben aber eher diffuse »Unverträglichkeiten«, die sich nicht oder nur schwer diagnostizieren lassen. Die Erkrankungen haben Namen wie »Weizensensitivität«, »Gluten-Allergie« oder »Reizdarmsyndrom« erhalten, um sie von der Zöliakie abzugrenzen. Oft lassen die Betroffenen dann Weizen oder gleich Brot generell aus ihrem Speiseplan weg und fühlen sich besser. Die Zahl dieser Leute nimmt nicht nur gefühlt in den letzten Jahren zu. Paradox ist, dass solche Probleme in früheren Zeiten offensichtlich weitgehend unbekannt waren.

Woran könnte das liegen? Eine Antwort dürfte darin zu finden sein, wie unsere Speisen, und damit auch das Brot, heute meist hergestellt werden: so schnell wie möglich, weil es Zeit spart – und aus möglichst billigen Zutaten.

DAS DILEMMA DER BÄCKEREIEN

Viele Jahre des sich gegenseitigen Überbietens der Bäckereien bei der Menge und Exklusivität der Filialstandorte und des dortigen Angebots bei gleichzeitig geringem Brotpreis der Handelsriesen, haben die Kunden daran gewöhnt, fast zu jeder Zeit quasi im Vorbeigehen »frisches« Brot zu bekommen. Noch in meiner Kindheit war es durchaus normal, dass in unserer Dorfbäckerei am späten Nachmittag das Brot ausverkauft war. Heute ist das nicht mehr so.

Das hat seinen Preis. Ein solch umfangreiches Backwarengebot wie heute üblich bis in den Abend hinein zu bieten, das kann kein rein handwerklich und traditionell arbeitendes Bäckereiunternehmen leisten. Jedenfalls nicht zu den Preisen, die heute für Brot gezahlt werden.

Deshalb haben viele große Bäckereibetriebe, aber auch kleine Bäckereien, aus zeitlichen und wirtschaftlichen Gründen schon vor Jahrzehnten traditionelle Herstellungsweisen, zum Beispiel mit Natursauerteigen und Vorteigen, verlassen. Das spart Zeit und Personal. Durch ausgeklügelte lebensmittelchemische Zusätze und technische Raffinessen wird dafür gesorgt, dass aus den Rohstoffen und ihren Triebmitteln innerhalb kürzester Zeit trotzdem ein ansehnliches Brot wird. Zugleich sichern diese Zusatzstoffe den Back-Unternehmer gegen die Unbilden der natürlichen Rohstoffe ab. Naturprodukte wie Mehl können nämlich qualitativ nie eine vollkommen gleiche Qualität halten.

DIE INDUSTRIE HINTER DEM BROT

Ähnlich wie in der Medizin gibt es auch für Zusatzstoffe eine Industrie, deren Vertreter ihre Produkte regelmäßig in den Bäckereien anpreisen. Es fällt Bäckern sicher ähnlich schwer wie vielen meiner ärztlichen Kollegen, den Verlockungen dieser bestens geschulten Verkäufer zu widerstehen. Da die gesetzliche Regelung es in Deutschland und anderen Ländern ermöglicht, dass viele Zusatzstoffe auf dem Endprodukt nicht deklariert werden müssen, erfahren Sie als Kunde in der Regel überhaupt nichts darüber.

Dieses Buch soll allerdings keinen Verschwörungstheorien Vorschub leisten. Nach dem derzeitigen wissenschaftlichen Kenntnisstand werden die Zusätze für sich gesehen nicht als gesundheitsschädlich eingestuft. Teilweise werden sie auch während des Backens durch die Hitze inaktiviert. Die Akteure handeln deshalb wahrscheinlich guten Gewissens. Problematischer ist vielmehr die Tatsache, dass die Zusätze die Brotherstellung deutlich verkürzen sollen. Sie gaukeln vor, dass Nachhaltigkeit in der Brotherstellung durch den technischen Fortschritt überflüssig würde.

Letzte Sicherheit, dass künstliche Zusätze gesundheitlich unbedenklich sind, gibt es leider nicht. Mir geht es bei diesem Gedanken ähnlich wie mit Glyphosat. Alles spricht dafür, dass das Krebsrisiko überschätzt wird, aber gänzlich ausschließen mag es dann doch keiner.

Profis lassen sich auch gerne vom Reiz des technisch Machbaren hinreißen. Mir wird immer eine Führung durch eine Backfabrik, die Brötchen für Hamburger herstellte, vor über 20 Jahren in Erinnerung bleiben. Der Leiter der fast vollautomatisierten Fabrik wusste stolz zu berichten, dass es vom Mischen des Teigs bis zum fertigen Burgerbrötchen lediglich etwas mehr als 1 Stunde dauere. Etwa so lange, wie unsere Besichtigung. Rechnen Sie eine Knetzeit von etwa 10 Minuten und eine Backzeit von etwa 15 Minuten ab, dann sind diese Brötchenteige allenfalls 30–40 Minuten gereift. Das geht nur unter Einsatz von Backmitteln und großen Mengen Hefe.

Bei aller Begeisterung für die technische Machbarkeit und bei allen echten und gefühlten wirtschaftlichen Zwängen wird allerdings übersehen, dass die Natur sich in ihrer Komplexität nicht so einfach überlisten lässt.

DAS REIZDARMSYNDROM

Während der Reifung von Teigen laufen nämlich viele biochemische und biologische Prozesse ab, die das Produkt besser verdaulich machen. Insbesondere spezielle Zuckerstoffe (sogenannte FODMAPS), die sich zu Beginn der Teigreifung bilden, kann der menschliche Körper schlecht verdauen. Wenn sie in großer Menge im Brotteig verbleiben, weil der Teig noch unreif gebacken wird, dann erreichen sie auch in größerer Menge den Dickdarm. Wo sie von den dort lebenden Bakterien aufgenommen und verarbeitet werden. Dabei entsteht, ähnlich wie im Teig, Gas. Gas, das sich im Darm sammelt und zu quälenden Blähungen führen kann. Übermäßige Gärungen im Dickdarm können auch Ursache von wiederkehrenden Durchfällen sein. Dies wird heute als eine der Hauptursachen des Reizdarmsyndroms angesehen.

Diese Zuckerstoffe können jedoch während der Reifung von Teigen weitgehend abgebaut werden. Aber nur, wenn den Reifeprozessen genug Zeit gegeben wird. Je weniger dieser Zuckerstoffe im Teig nach dem Reifen und Backen verbleiben, desto bekömmlicher wird das Brot.

Diese wichtigen Abbauprozesse kann auch die lebensmittelchemische Industrie noch nicht beschleunigen. Wenn Menschen sich also heute Brot in einem Backshop kaufen, an der Tankstelle oder in einer Bäckerei, die die Teigreifung verkürzt, dann kann dieses Brot tatsächlich mit für die Beschwerden ursächlich sein.

Andere Ursachen, wie spezifische Allergien gegen bestimmte Eiweiße in Getreiden, lassen sich wie gesagt schwer nachweisen. Oft hilft dann nur ein gewissenhaftes Ausschlussverfahren bei den Nahrungsmitteln, inklusive des Brotes. Ich rate dann jedoch auch dazu, es zumindest einmal mit Broten zu probieren, die lange und ausgiebig reifen konnten.

DIE UNBEQUEMEN KO-FAKTOREN DER VERDAUUNGSSTÖRUNGEN

Es gibt aber noch weitere, nicht weniger wichtige Faktoren:

- Wird hinreichend Zeit für die Nahrungsaufnahme aufgewendet? Oder wird das Essen verschlungen, während nebenbei noch andere Dinge erledigt werden?
- Wird ausreichend lange gekaut?
- Ist die Nahrung ausgewogen und nicht einseitig?
- Wird dem Darm die Ruhe und Zeit gegeben, die Nahrung zu verdauen?
- Bestehen im Moment schwerere Konfliktsituationen im Leben?
- Liegt eine Überarbeitungssituation (Stress oder »Burn-out«) vor?

All das kann auch dazu beitragen, dass der Verdauungstrakt rebelliert und der Mensch das Gefühl bekommt, das Essen nicht mehr zu vertragen. Es gibt viele Dinge, eigentlich zu viele, die den Menschen sprichwörtlich »auf den Magen schlagen« können, als dass alles an nur einer Ursache wie etwa der Getreidesorte festgemacht werden könnte.

Da die zuletzt genannten Punkte oft langjährige Gewohnheiten und Überzeugungen der Menschen oder deren fremdbestimmte Arbeitsalltage berühren, ist es sehr schwer, daran etwas zu ändern. Der Mensch sucht nach Auswegen ohne Änderung eigener Gewohnheiten. Das ist ein wichtiger Grund dafür, dass Bücher über die Schädlichkeit von Brot so erfolgreich sind. Sie nehmen den Menschen die Notwendigkeit ab, sich einmal an die eigene Nase zu fassen.

DIE ABHILFE

Für gutes und bekömmliches Brot ist eine ausreichend lange und gute Teigreifung unabdingbar. Des Weiteren braucht es gute Rohstoffe und die Beschränkung auf jene Zutaten, die die Natur uns schenkt. Daran führt auch heute kein Weg vorbei. Nur dann können sich guter Geschmack, vortreffliches Aussehen und gesundheitliche Verträglichkeit des Brotes miteinander in Einklang bringen lassen.

Es braucht aber auch einen mental gesunden und lebensbejahenden »Brotesser«, dessen Körper nicht durch viele innere und äußere Einflüsse beeinträchtigt wird.

»Die Zukunft des Brotes liegt in seiner Vergangenheit« – dieser denkwürdige Ausspruch des belgischen Backmittelherstellers Puratos zeigt, dass auch die Industrie langsam erkennt, welche Probleme die Beschleunigung der Broherstellung mit sich bringt. Aber auch, welche Chancen in der Rückbesinnung auf traditionelle Herstellungsweisen liegen.

Diese Erkenntnis verbreitet sich in den letzten Jahren auch in der Bäckerbranche, und es ist zum Glück bei nicht wenigen Handwerksbäckern ein Umdenken zu beobachten. Mit Freude durfte ich in Profikursen in der Akademie des deutschen Bäckerhandwerks Weinheim schon viele dieser Bäcker kennenlernen. Nicht wenige von ihnen haben mit ihrem neuen Konzept erstaunlichen Erfolg.

Ich kenne eine Bäckerei, die nur vier Brotsorten pro Tag anbietet. Diese Brotsorten werden ohne jegliche Backmittel hergestellt. Die Teige reifen lange und bestehen nur aus natürlichen Zutaten. Wenn das Brot ausverkauft ist, gibt es nichts mehr. Die Kunden stehen manchmal lange in der Schlange vor dieser Bäckerei, weil das Brot so gut ist.

BROTBACKEN ALS SELBSTHEILUNG UND HOBBY

Wenn Sie in Ihrer Umgebung jedoch keinen Bäcker mehr finden, der diesen Grundsätzen folgt, dann müssen Sie das Heft selbst in die Hand nehmen. So wie ich es vor zehn Jahren tat, weil ich keine guten Baguettes in meiner Stadt kaufen konnte.

Das Selbstbacken half mir aber nicht nur, gutes Brot auf dem Tisch zu haben. Es sorgte auch für Ausgleich meines täglichen Stresses am Arbeitsplatz. Vielen erscheint es paradox, in der Freizeit etwas vermeintlich Stressvolles und Zeitaufwendiges zu tun, um einen Ausgleich zu finden.

Dem ist aber nicht so. Aus meiner Sicht erreichen Sie mit Brotbacken als Hobby nämlich mehrere Dinge auf einmal:

- Sie stellen zweifelsfrei sicher, dass Ihr Brot keine Backmittel enthält und bei der Herstellung nicht auf eine ausreichend lange Reifezeit verzichtet wurde.
- Sie nehmen ein Hobby auf, das durch seinen ständigen Bezug auf die Zeit Ihr Leben entschleunigen und dazu beitragen kann, dass Sie einen Ausgleich für Ihren Beruf oder andere Stressfaktoren finden. So fällt es Ihnen leichter, diesen Belastungen standzuhalten.
- Ihr Selbstwertgefühl wird durch gelungene Backergebnisse gesteigert. Das wirkt Erschöpfungssymptomen, Burn-out und beginnenden Depressionen entgegen.
- Ein selbst gebackenes Brot werden Sie deutlich mehr wertschätzen als ein gekauftes. Denn es ist Ihr eigenes Produkt, Ergebnis Ihrer eigenen Mühe. Ein solches Brot werden Sie sicher bewusster essen. Das ist der Gesundheit zuträglich.
- Wenn Sie mit anderen Menschen über Ihr Hobby in den Austausch kommen, gibt es Ihnen zusätzliche Impulse und erweitert Ihren Horizont. Zudem gewinnen Sie neue soziale Kontakte. Das beugt der heute grassierenden sozialen Isolation und Einsamkeit von Menschen vor.
- Sie versorgen sich und Ihre Familie mit einem der wichtigsten, nahrhaftesten und gesündesten Grundnahrungsmittel der Welt.

Sie therapieren sich im Grunde genommen selbst. Und damit bestehen beste Aussichten, dass es auch hilft.

So kann Brotbacken viel Positives in Ihr Leben bringen. Mit diesem Buch können Sie sich ein neues Hobby erschließen, neue geschmackliche Welten entdecken, gesünder werden und nebenbei viel über ein wichtiges Lebensmittel lernen.

Steigen Sie nun in die Brotback-Praxis ein. Auf den nachfolgenden Seiten erläutere ich Ihnen alles Wesentliche zur Brotherstellung.

BROTBACK-PRAXIS: GESUNDES BROT SELBST BACKEN

In der eigenen Küche Brot zu backen, das in Qualität und Optik professionell hergestelltem Brot nahekommt, ist möglich. Wie das geht, damit befasst sich dieses Kapitel. Sie müssen lediglich einige wenige Voraussetzungen schaffen, um die Methoden, Geräte und Kniffe der Bäcker in der eigenen Küche imitieren zu können. Außerdem brauchen Sie gute Zutaten und ein paar Kenntnisse, wie Teige geknetet, geformt und gereift werden.

In der normalen Haushaltsküche ist aber gelegentlich Improvisation gefragt. Als ich begann, mich mit dem Brotbacken eingehender zu beschäftigen, haben mich diese Improvisationen am meisten fasziniert. Lösen Sie sich von der Vorstellung, nur mit Profi-Ausrüstung wirklich professionell backen zu können.

In diesem Kapitel finden Sie auf den ersten Blick eine Menge Text. Es lohnt sich, die nächsten Seiten zu lesen, bevor Sie sich dann einfach mit meinen Rezepten ins Brotbackvergnügen stürzen. Ich habe mich auf die wichtigsten Dinge beschränkt und Ihnen vor allem die Hintergründe erklärt, die Ihnen Ihr Tun verständlicher machen. Ein Bäcker erlernt mindestens drei Jahre lang seinen Beruf. Das macht deutlich, wie viel Theorie und Praxis hinter der Profession stecken. Sie müssen aber zum Backen zu Hause nicht sofort alles wissen.

Wenn Sie erfahrener werden, kommt automatisch das Bedürfnis auf, die Hintergründe des Brotbackens zu vertiefen. Anders als noch vor 10 Jahren gibt es inzwischen neben diesem Buch mehrere gute deutschsprachige Werke über das Brotbacken, mithilfe derer Sie Ihr Wissen vertiefen können. Außerdem finden Sie heute auf vielen Blogs und bei YouTube gute, lehrreiche Videos der Arbeitsschritte. Nicht wenigen Hobbybäckerinnen und Hobbybäckern gelingt es auf diese Weise, ohne je einen Brotbackkurs besucht zu haben, herausragende Ergebnisse zu erzielen.

DAS WICHTIGSTE IN KÜRZE

BASISZUTATEN

Die Basiszutaten für gesunde Brote und Brötchen sind immer gleich: Getreidemehl, Wasser, Salz und ein natürliches Triebmittel (z. B. Sauerteig).

MEHLTYPE

Die Mehltype gibt den Mineralstoffgehalt je 100 g an. Je niedriger der Mineralstoffgehalt, desto besser ist die Backeigenschaft.

ANSTELLGUT

Als Anstellgut wird gelagerter Sauerteig bezeichnet. Einmal angesetzt, kann eine Kultur mit Ihnen alt werden. Sie müssen das Anstellgut einmal wöchentlich »füttern«. Grundsätzlich empfiehlt sich für Roggen- und Roggenmischbrote ein Anstellgut aus Roggenmehl, für Weizen- und Weizenmischbrote eines aus Weizenmehl.

VORTEIG

In Vorteigen wird immer ein Teil des Mehls schon länger vorgereift, um den Brotteig geschmacklich zu verbessern und Reizstoffe abzubauen.

SAUERTEIG

Sauerteig dient in vielen Teigen als Triebmittel. Er reift am besten bei Temperaturen zwischen 26 und 28 °C. Sauerteig lässt sich aus allen Getreidemehlen ansetzen, die entstehenden Geschmäcker sind unterschiedlich.

NULLTEIGE

In Quellstücken, Kochstücken oder Brühstücken werden Mehl, Saaten oder Körner in Flüssigkeit quellen gelassen. Diese sogenannten Nullteige verbessern die Frischhaltung und Saftigkeit der Brotkrumen.

REIFUNG

Durch lange Reifung und Fermentierung verlieren Teige viele Reizstoffe und werden bekömmlicher. Oftmals empfiehlt sich aus zeitlichen Gründen die Teigreife über Nacht.

TEIGHERSTELLUNG

Für die Teigherstellung folgen Sie immer den gleichen zehn bis elf Arbeitsschritten, dazwischen folgen längere Ruhepausen. Durch die Wiederholung der Tätigkeiten werden Sie sich beim Backen schnell sicher fühlen.

ABKÜHLEN

Weizenbrote können Sie nach 30–60 Minuten anschneiden. Bei Roggenbroten empfiehlt sich, eine Ruhezeit von mindestens 12 Stunden einzuhalten.

AUSSTATTUNG

Sie benötigen keine teure Ausstattung, beginnen Sie zunächst mit einfachem Equipment. Günstige Alternativen zur Profi-Ausstattung finden Sie auf S. 35.

DRAX·MÜHLE
DINKELMEHL
TYPE 1050
DRAX·MÜHLE
WEIZENMEHL
TYPE 405
e 1 kg
DRAX·MÜHLE
BIO
ROGGENMEHL
TYPE 1150

DIE ZUTATEN

Wenn Sie gesundes Brot backen wollen, dann ist die Wahl der richtigen Zutaten eine wichtige Voraussetzung. Gesundes Brot fängt bereits auf dem Acker an. Schon dort entscheidet der Landwirt durch den Einsatz chemischer Substanzen als Dünger oder Pflanzenschutzmittel, ob unser Brot später unerwünschte »Zusätze« enthält, die womöglich unklare gesundheitliche Folgen haben.

Deshalb verwende ich seit vielen Jahren bevorzugt Getreide und Mehl sowie fast alle weiteren Zutaten aus biologischem Anbau. So kann ich weitgehend vermeiden, dass meine Familie und ich schon mit dem täglichen Brot zum Beispiel Glyphosat, ein sehr umstrittenes Pflanzenschutzmittel, zu uns nehmen.

Getreide und Mehl sollten Sie, wenn möglich, in einer noch aktiven Mühle, die ihre Mehle selbst herstellt, kaufen oder bestellen. Dort ist in den meisten Fällen die Produktionskette transparenter und immer jemand in der Lage, Ihnen Rede und Antwort zu stehen. Sollte Ihnen das nicht möglich sein, wählen Sie bevorzugt biologische Produkte im Supermarkt.

In ein gesundes Brot gehören nach meiner festen Überzeugung nur natürliche Zutaten. Zutaten, die uns die Natur schenkt und die allenfalls durch wenige technische Prozesse gebrauchsfertig gemacht werden. Alles andere, insbesondere die »Segnungen« der lebensmittelchemischen Industrie, haben in gesundem Brot nichts verloren.

Getreide und Mehl sollten Sie, wenn möglich, in einer noch aktiven Mühle, die ihre Mehle selbst herstellt, kaufen oder bestellen

HAUPTZUTATEN

Für gutes und gesundes Brot brauchen Sie grundsätzlich nur vier Zutaten: Getreidemehl, Wasser, Salz und ein Triebmittel, das den entstanden Teig fermentiert und aufgehen lässt. Sie werden erstaunt sein, wie unglaublich groß die Vielfalt an köstlichen Broten ist, die Sie aus diesen vier Grundzutaten backen können. Und noch viel größer, wenn Sie weitere natürliche Zutaten hinzunehmen.

1. GETREIDEMEHL

Meist wird im deutschsprachigen Raum Brot aus den drei wichtigsten Getreidesorten Weizen, Dinkel und Roggen gebacken. Weizen ist die weltweit gesehen wichtigste Getreidesorte. Inzwischen erfreuen sich auch alte Getreidesorten wie Emmer, Einkorn und Kamut wachsender Beliebtheit.

Was ist Getreide?
Botanisch handelt es sich bei Getreide um sogenannte Süßgraspflanzen, deren Körner sich zum Verzehr eignen. Getreide ist über die Jahrtausende vom Menschen durch Züchtung kultiviert worden, um eine bessere Ausbeute zu erreichen und es gegen Natureinflüsse unempfindlicher zu machen. Geschichtlich gesehen bedeutet die Aufnahme des Ackerbaus durch die Menschheit einen entscheidenden Moment auf dem Weg der Entwicklung zu Hochkulturen. Die Getreidekörner sind nach dem Ernten nämlich gut und lange lagerbar, sodass davon verlässliche Vorräte für größere Menschengruppen angelegt werden können. Eine wichtige Voraussetzung für die Entstehung von Siedlungen und Städten. Getreidemehl ist ein energiereiches Nahrungsmittel, das den Körper gut mit Nährstoffen versorgt und damit sehr leistungsfähig macht.

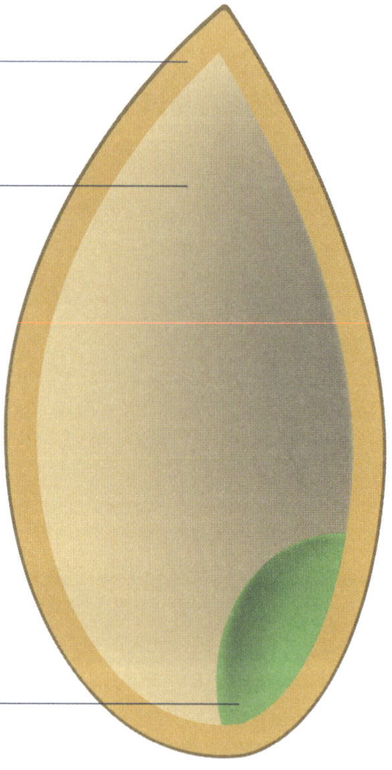

Das Getreidekorn besteht grob gesagt aus einer Schale, einem Keimling und einem sogenannten Mehlkörper. In Schale und Keimling finden sich vor allem Mineralstoffe, Fette und Vitamine, aber auch Ballaststoffe. Im Mehlkörper sind die Stärke und das Eiweiß gespeichert.

Getreide wird hierzulande meist im Herbst ausgesät (»Wintergetreide«) und reift dann bis in den Juli des Folgejahres hinein. Dann beginnt die Haupterntezeit.

Hauptgetreide

Weizen ist ein vom Menschen über die Jahrtausende aus Urgetreiden kultiviertes und weiter optimiertes Brotgetreide, das sich durch seine hervorragenden Backeigenschaften und seinen Wohlgeschmack auszeichnet. Die Backfähigkeit beruht vor allem auf einem hohen Gehalt des Klebereiweißes Gluten, aus dem sich im Teig ein festes, aber dennoch elastisches Klebergerüst bildet. So sind vielfältigste Brotformen möglich. Wird Weizenteig durch eine lange Reifung fermentiert, verliert er viele Reizstoffe, die ihm in den letzten Jahren so viel Kritik einbrachten.

Dinkel ist ein Vorfahre des Weizens. Seine Backfähigkeit ist etwas weniger gut als die des Weizens, weil der Dinkelkleber deutlich empfindlicher ist. Außerdem neigen Dinkelteige zum »Trockenbacken«. Das bedeutet, dass die Krume eines Dinkelbrotes ohne weitere Maßnahmen trockener wirkt, als die eines Weizenbrotes. Trotzdem kann mit einigen wenigen Kniffen daraus sehr gutes Brot gebacken werden. Was den Gehalt an Nährstoffen und Vitaminen angeht, unterscheiden sich beide Getreide nicht wesentlich. Dinkelbrot weist häufig einen etwas nussigeren Geschmack auf als Weizenbrot.

Roggen ist ein traditionell besonders in Nord- und Osteuropa verbreitetes Brotgetreide, das besser an die dortigen klimatischen Anbaubedingungen angepasst ist. Reine Roggenteige funktionieren anders als Weizenteige, weil sich kein klassisches Teigklebergerüst aufbaut. Die Gärgase werden hingegen durch Schleimstoffe (»Pentosane«) im Brotteig gehalten, sodass der Teig aufgehen kann. Roggenbrot sollte möglichst immer unter Zusatz von Natursauerteig hergestellt werden, da sich sowohl die Teigkonsistenz verbessert, als auch ein viel besserer Geschmack des Brotes entsteht.

Seltene Getreide und Ur-Getreidesorten sind zum Beispiel **Emmer, Einkorn** und **Kamut.** Sie haben insgesamt eine schlechtere Backfähigkeit als Weizen, insbesondere Einkorn. Dafür haben die damit gebackenen Brote einen außergewöhnlichen Geschmack. Manche Menschen vertragen die alten Sorten auch gesundheitlich besser als Weizen. Das liegt daran, dass die Ur-Getreide zum Teil weniger Reizstoffe enthalten, als hochgezüchtete Weizensorten.

Vom Getreide zum Mehl

Das reife Getreide wird heute schon während des Erntens im Mähdrescher gedroschen, wobei sich das Getreidekorn von der Ähre trennt. Die Körner werden dann vom Landwirt zur Mühle transportiert. Der Müller analysiert die Getreidelieferung und stellt fest, wie hoch deren Qualität ist. Dann wird das Getreide zwischengelagert. Durch Mischung von Getreidekörnern unterschiedlicher Qualitäten kann der Müller die Güte und Backfähigkeit seines Mehls steuern.

Die Herstellung von Mehl in der Mühle ist ein deutlich aufwändigerer Prozess, als viele Menschen glauben. Nach der Reinigung des Getreides von Fremdkörpern wie kleinen Steinchen, aber auch von verdorbenen Getreidekörnern wie dem sogenannten Mutterkorn, mahlen sogenannte Walzenstühle die Getreidekörner zu einem ersten groben Mehl.

Dieses Mehl wird dann von Plansichtern, das sind im Grunde große rotierende Siebvorrichtungen mit immer feineren Sieben, in verschieden grobe Fraktionen ausgesiebt. Die feineren Mehle werden abgetrennt. Die groben Fraktionen werden dann in Rohren zu weiteren, enger eingestellten Walzenstühlen geleitet, die sie nochmals mahlen und so die Ausbeute an feinem Mehl erhöhen. Dann geht es wieder zurück in die Plansichter und so weiter. Der Mahlprozess wird also, anders als in der eigenen Getreidemühle, mehrfach durchlaufen.

Danach hat die Mühle mehrere unterschiedlich feine (»ausgemahlene«) Mehlfraktionen und Schrote hergestellt. Die feineren und helleren Mehlfraktionen enthalten vor allem Bestandteile des Mehlkörpers, also Stärke und Eiweiße. Die dunkleren und gröberen Mehlfraktionen enthalten hingegen mehr Bestandteile aus der Schale des Getreidekorns, also Vitamine, Ballaststoffe und Mineralstoffe.

Daraus kann der Müller nun die unterschiedlichen »Mehltypen« mischen. Beispiel Weizenmehl: Verwendet er die Mehlfraktionen, die sehr wenig Ballaststoffe enthalten, ergibt das die helleren Weißmehle vom Type 405 oder 550. Gibt er dunklere Fraktionen dazu, die mehr Ballaststoffe enthalten, entstehen die dunkleren Mehle wie Type 1050 oder 1600. In gleicher Weise geschieht das beim Roggen und bei anderen Getreiden.

Mehltypenvergleich

Deutschland	Österreich	Schweiz	Italien	Frankreich
Weizenmehl 405	W 480	Weißmehl	Tipo 00	T 45
Weizenmehl 550	W 700	Weißmehl	Tipo 0	T 55 / T 65
Weizenmehl 812	W 700	Halbweißmehl	Tipo 1	T 65
Weizenmehl 1050	W 1600	Ruchmehl	Tipo 1 / 2	T 80
Weizenvollkornmehl	W 1800	Vollkornmehl	Jntegrale	T 150
Roggenmehl 1150	R 960	1100	Tipo 1	T 130
Roggenmehl 1370	R 960	1100	Tipo 1	T 170
Roggenvollkornmehl	R 2500	1900	Integrale	/
Dinkelmehl 630	D 700	Weißmehl	Bianca	/
Dinkelmehl 1050	D 1500	Ruchmehl	/	/

/ = üblicherweise in diesem Land nicht verfügbar. (Quelle: http://www.drax-muehle.de)

Die Ausmahlgrade drücken sich in Deutschland, aber auch in Österreich und Frankreich, durch die Kennzahlen der Mehle aus. In Deutschland kann an der Typenzahl sogar der Mineralstoffgehalt des Mehls recht genau abgelesen werden. »Type 550« bedeutet, dass in 100 g des Mehls etwa 550 mg Mineralstoffe enthalten sind. Im »Type 1050« findet sich fast die doppelte Menge Mineralstoffe, nämlich 1050 mg.

Je weniger Mineralstoffe die Mehle enthalten, desto besser backfähig sind sie. Die Teige werden lockerer, die Brote haben mehr Volumen. Dafür ist der Anteil an gesundheitsförderlichen Ballaststoffen und Vitaminen geringer. Mehle mit höheren Nummern (z.B. 1050, 1600) und Vollkornmehle und -schrote enthalten zwar alle oder fast alle Inhaltsstoffe, ergeben aber meist schwerere Teige, die nicht ganz so locker aufgehen und längere Reifezeiten benötigen.

Lagerung von Mehl und Getreide

Lagern Sie Ihr Mehl trocken und kühl sowie geschützt vor Schädlingen. Am besten geht das in einem geschlossenen Behälter. Die meisten hellen Mehle können recht lange gelagert werden. Richten Sie sich nach dem Mindesthaltbarkeitsdatum, das auf der Mehlpackung aufgedruckt ist. Vollkornmehle lassen sich fast immer weniger lange lagern, als hellere Mehle. Das liegt an den enthaltenen Schalenanteilen, die bei längerer Lagerung einen unangenehmen Geschmack entwickeln können.

Ist Vollkornmehl gesünder?

Ohne Frage ist Brot aus Vollkornmehl für sich gesehen ernährungsphysiologisch wertvoller und reichhaltiger als Brot aus Typenmehlen. Es enthält mehr Vitamine, mehr Ballaststoffe und mehr Fette. Die Verdauung verläuft langsamer, was vor allem zuckerkranken Menschen (»Diabetikern«) zugutekommt. Damit Vollkornmehl gut bekömmlich wird, sollten aber bei der Teigreifung besonders lange Quell- und Reifezeiten eingehalten werden.

Da wir Menschen sprichwörtlich nicht vom Brot alleine leben, sondern im Laufe des Tages auch andere Lebensmittel verzehren, besteht kein Zwang dazu, möglichst viele Vollkornprodukte essen zu müssen. Menschen, die neben Brot im Laufe des Tages auch Gemüse und Obst verzehren, gleichen damit locker den geringeren Ballaststoff- und Vitamingehalt eines Weißbrotes aus.

Seien Sie deshalb frei und ideologisch unbeschwert in der Auswahl Ihrer Mehle. Wenn Sie eine gesunde und ausgewogene Mischkost zu sich nehmen, können Sie das leichtere Brot aus helleren Mehlen unbeschadet essen. Wenn Sie das nicht glauben, dann denken Sie einmal an all die Länder, in denen kein oder kaum Vollkornbrot verzehrt wird. Mir persönlich ist keine medizinische Statistik bekannt, die einen nennenswerten Unterschied in der Erkrankungshäufung zwischen Ländern mit höherem Vollkornverzehr und Ländern mit kaum oder keinem Vollkornverzehr aufzeigt.

Selbst mahlen?

Wenn Sie eine Getreidemühle besitzen, können Sie Ihr Vollkornmehl auch selbst mahlen. Selbst gemahlenes Vollkornmehl ist allerdings gröber als jenes, das Sie in einer Mühle erwerben. Das liegt am zuvor erwähnten aufwändigeren Mahlverfahren. Unter den gröberen Schalenanteilen kann die Knet- und Backfähigkeit etwas leiden. Der Vorteil des Selbstmahlens ist jedoch, dass Sie auf diese Weise immer sehr frisches Vollkornmehl verwenden können. Das macht sich geschmacklich bemerkbar.

Helle Mehle selbst herzustellen ist nahezu unmöglich, da die zuvor beschriebenen Siebvorrichtungen und nacheinander geschalteten Mahlvorgänge fehlen.

Sie können aber Ihr selbst gemahlenes Mehl feiner bekommen, indem Sie es mit einem Mehlsieb aussieben. Die ausgesiebte Kleie verwenden Sie dann anderweitig.

2. WASSER

Es ist die zweite wichtige Hauptzutat eines Brotteiges. Verwenden Sie sauberes, nicht chloriertes Leitungswasser – die Qualität ist in den meisten Ländern sehr gut. Sollten Sie in einem Land leben, in dem Leitungswasser gechlort wird, dann kann es ratsam sein, dieses vor der Verwendung einige Stunden auslüften zu lassen, da Chlor das Wachstum von Mikroorganismen hemmt.

3. SALZ

Es ist die dritte wichtige Hauptzutat eines jeden Brotteiges. Salz sollte zusatzfrei sein, also ohne Rieselhilfen. Meines Erachtens muss es auch nicht mit Jod oder gar Fluor versetzt sein.

Optimale Salzmenge in Brotteigen

1,8–2,2 % in Bezug auf die Mehlmenge, also auf 1000 g Mehl 18–22 g.

Je mehr Wasser ein Teig enthält, desto mehr Salz muss zugegeben werden.

4. TRIEBMITTEL

Die zwei wichtigsten Triebmittel für Brotteige sind Hefe und Sauerteig. Das Triebmittel hat die Aufgabe, den Teig zu fermentieren. Zu den Triebmitteln finden Sie noch weitere Informationen im nächsten Unterkapitel.

NEBENZUTATEN

Je nach gewünschtem Ergebnis gibt es weitere Zutaten, die in Brotteigen zur Anwendung kommen können. Hier sollten Sie ebenfalls möglichst nur natürliche Zutaten verwenden.

Milch kann teilweise oder ganz das Wasser im Teig ersetzen. Sie macht durch ihren Fettanteil die Teige weicher und wattiger, die Brote schmecken milder.

Eier können vor allem in süßen und fettreichen Brotteigen durch das reichlich enthaltene Lecithin, einem natürlichen Emulgator, helfen, die Teigstruktur zu verbessern. Außerdem verleihen sie dem Teig eine schöne gelbe Farbe.

Butter oder **Öl** dienen als Fette ebenfalls dazu, Teige geschmeidiger und wattiger zu machen. Zudem fügen sie Brot interessante Aromen zu.

Zucker oder **Honig** süßen Teige und führen zu einer stärkeren Bräunung der Kruste.

Saaten (zum Beispiel Sonnenblumenkerne, Leinsaat, weiße Sesamsaat und Mohnsamen) können sowohl im Teig als auch auf der Kruste für mehr Biss und leckere Aromen sorgen.

Backmalz oder **Malzextrakt** helfen als Hefenahrung, Teige noch besser aufgehen zu lassen. Sie sorgen für eine kräftigere Farbe der Krume. Malz ist ein natürliches Produkt, das entsteht, wenn Getreide keimt. Achten Sie beim Kauf von Malz darauf, ob es enzymaktiv oder -inaktiv ist. Wenn es nicht anders im Rezept steht, verwenden Sie bitte inaktives Backmalz.

Brotgewürze wie Fenchelsamen, Kümmelsamen, Brotklee und Anissamen untermalen den natürlichen Brotgeschmack.

Zum Reifen können Brotteige mit Sauerteig in eingeölte Teigwannen umgefüllt werden

ALLES RUND UM SAUERTEIG UND ANDERE TRIEBMITTEL

Ein Triebmittel ist für die Teigreifung oder -fermentation zuständig. Wenn das Triebmittel im Teig ist, beginnt dieser zu leben. Ab diesem Moment beginnt das Abenteuer Brotbacken. Sie sind der Spielleiter und können durch das Steuern der Bedingungen die Fermentation in verschiedene Richtungen lenken, ganz wie Sie es mögen.

WAS BEDEUTET FERMENTATION?

Fermentation ist eines der ältesten Verfahren der Menschheit, Lebensmittel bekömmlicher und haltbarer zu machen. Wir machen uns dabei völlig natürliche biochemische Vorgänge zunutze. Bei der Fermentation von Teigen werden immer Mikroorganismen und Enzyme aktiv. Die eigentliche Aufgabe dieser Enzyme ist es, dem Getreidekorn bei der Keimung und beim Wachstum zu helfen, wenn es ausgesät wird.

Die Enzyme befinden sich also schon im Mehl und die nötigen Mikroorganismen geben Sie als Triebmittel dazu. Wenn Mehl mit Wasser gemischt wird, beginnen die Enzyme, die Mehlstärke zu spalten. Stärke ist gespeicherter Zucker. Stellen Sie sich die Stärke wie eine Kette vor, deren Kettenglieder jeweils aus Zuckermolekülen bestehen. Die Enzyme trennen die Kettenglieder in unregelmäßigen Abständen voneinander. Es entstehen zunächst mehr oder weniger lange Zuckermoleküle. Im weiteren Verlauf werden immer mehr Kettenglieder getrennt, bis sogenannte Einfachzuckermoleküle wie Glucose entstanden sind. Zuckermoleküle sind bekanntermaßen eine optimale Energiequelle für fast alle Organismen.

Die von Ihnen zum Teig gegebenen Mikroorganismen wie Hefen oder die Milchsäurebakterien des Sauerteigs »fressen« diese Zuckermoleküle, verarbeiten sie und produzieren dabei unter anderem Kohlendioxid, welches sich als Gasblasen im Teig ansammelt. Der Teig geht auf. Bei guter Ernährung vermehren sich die Mikroorganismen im Teig. Deshalb gehen Teige zunächst langsam und dann immer rascher auf. Als Nebenprodukte entstehen neben Säure auch sogenannte »Ester«, die als Geschmacksträger zu einem guten Teigaroma beitragen. Und Alkohol. Bevor Sie sich aber freuen: Der Alkohol verfliegt beim Backen wieder.

Manche der noch nicht vollständig in Einfachzucker getrennten Moleküle im Teig sind schwer verdaulich und können Menschen krank machen. Diese sogenannten FODMAPS werden auch abgebaut, aber nur, wenn Sie den kleinen Helferlein im Teig genug Zeit geben. Auch andere Stoffe, die die Verdauung beeinträchtigen können, vermindern sich durch die Fermentation. Das ist der Grund, warum Brotteigen genug Zeit zur Reifung gegeben werden muss, damit sie gut verdaulich sind.

HEFE

Hefe fermentiert einen Teig sicher und unter fast allen Bedingungen. Hefe besteht aus einer speziellen Pilzart. Der Fachbegriff lautet »Saccharomyces cerevisiae«, denn sie wurde zunächst für die Herstellung von Bier entwickelt. In der Biermaische tut sie nämlich das Gleiche wie im Brotteig: Sie verarbeitet Zuckerstoffe (»Malze«) und Wasser zu Kohlendioxid und Alkohol.

Für Beginner ist sie das bevorzugte Triebmittel. Sie sollte möglichst frisch verwendet werden, vor allem, wenn es sich um Bio-Hefe handelt. Vorteil der Hefe ist, dass keine oder kaum Teigsäuerung stattfindet. Mit ihr lassen sich also besonders milde Brote backen.

Brotteig im Gärkörbchen

Der Unterschied zwischen konventioneller Hefe und Bio-Hefe liegt im Herstellungsverfahren. Bio-Hefe reift ohne chemische Zusatzstoffe und »Entschäumungsmittel«. Während der Herstellung entsteht deutlich weniger Abwasser, das zudem nicht mit den ausgewaschenen chemischen Zusätzen belastet ist.

Ich empfehle die Verwendung von Bio-Hefe, wenn Sie einen Laden finden, in dem Sie diese immer frisch bekommen. Der Ablauf des Mindesthaltbarkeitsdatums sollte für optimalen Trieb immer etwa 2–3 Wochen in der Zukunft liegen.

Dann treibt Bio-Hefe genauso sicher und gut wie konventionelle Hefe. Lediglich bei sehr süßen Teigen kann sich Bio-Hefe deutlich schwerer tun als konventionelle Hefe, da sie weniger robust gegenüber den wasserentziehenden Eigenschaften des Zuckers ist.

SAUERTEIG UND HEFEWASSER

Sauerteig ist das älteste und natürlichste bekannte Brottriebmittel. Wenn Sie gesundes, bekömmliches Brot backen wollen, kommen Sie um Sauerteig auf Dauer nicht herum. Die im Sauerteig vorhandenen Mikroorganismen, vor allem Milchsäurebakterien und Wildhefen, können wie kein anderes Triebmittel den Teig und seine Bestandteile günstig beeinflussen.

Sauerteig baut während der Fermentation viele Reizstoffe ab, die in Teigen vorhanden sein können, und macht das Brot bekömmlicher. Dabei muss es nicht zwangsläufig wirklich sauer werden, wie der Name suggeriert. Wenn Sie die Teige richtig reifen lassen, dann erreichen Sie geschmackliche Nuancen in Ihrem Brot, die kein anderes Triebmittel hervorrufen kann. Aromen, die zum Beispiel an frischen Joghurt oder Most erinnern.

Gereifter Poolish

Mit großer Wahrscheinlichkeit wurde die Teigreifung durch Sauerteige zufällig entdeckt. Irgendwann in grauer Vorzeit hat der Legende nach ein Steinzeit-Bäcker einmal vergessen oder es nicht geschafft, seinen frisch angerührten Getreidebrei sofort zu Fladenbrot zu backen. Der Teig stand also viele Stunden in der Wärme und begann, Gasblasen zu entwickeln – also zu »fermentieren«. Irgendwann kam der Bäcker zurück und stellte fest, dass in seinem Teig Blasen blubberten. Anstatt ihn wegzuwerfen, buk er ihn einfach trotzdem. Erstaunlicherweise ging das Brot beim Backen dann gut auf, war von innen luftiger als gewohnt und schmeckte aromatischer. Der Sauerteig war »erfunden«.

Anfangs ist es immer eine gewisse Hürde, sich einen Sauerteig anzuschaffen oder selbst zu züchten und zu pflegen. Im Grunde ist die Pflege eines Sauerteigs ein wenig mit dem Halten eines Haustiers vergleichbar – Sie müssen sich regelmäßig darum kümmern, sonst geht es ihm schlecht. Im Gegensatz zum Haustier braucht ein gesunder Sauerteig aber nur ein- bis zweimal wöchentlich Ihre Aufmerksamkeit. Er wird Ihnen dafür aber für viele Jahre genussvolle Brote schenken.

Teigtemperatur und Stoffwechselvorgänge

Wenn Sie gute reine Sauerteigbrote backen wollen, sollten Sie sich zumindest mit einem Messwert auseinandersetzen, mit dem vieles steht und fällt: der Teigtemperatur. Je nach Temperatur laufen in den Mikroorganismen die Stoffwechselvorgänge unterschiedlich schnell ab. Teilweise entstehen auch andere Stoffwechselprodukte. Über die Temperatur können Sie steuern, was die kleinen Tierchen im Teig für Sie tun sollen. Beispielsweise bilden die Milchsäure-Bakterien in einem Bereich zwischen 26 und 28 °C eine besonders milde Säure. Gleichzeitig ist das für die Wildhefen der Bereich, in dem sie sich schon gut vermehren können. Ist der Teig kühler, dann

entsteht eine kräftigere Säure und der Teig geht viel langsamer auf. Ist er noch wärmer, dann nimmt zwar die Hefeaktivität im Teig zu und er geht schneller auf, aber gleichzeitig arbeiten auch die Enzyme im Teig stärker und verändern die Teigstruktur. Sie können sogar den Teig so stark abbauen, dass er sich nicht mehr formen lässt.

Es wird deutlich, dass Teige mit Sauerteig etwas anspruchsvoller sind, wenn Sie bestimmte Ergebnisse erreichen wollen. Ein gelungenes reines Sauerteigbrot ohne Hefezusatz betrachte ich daher als Krönung der Brotbackkunst. Lassen Sie sich dennoch nicht davon abhalten, sich mit Sauerteig auseinanderzusetzen. Wenn Sie Sauerteigbroten etwas Hefe zusetzen, dann werden sie deutlich gelingsicherer.

Optimale Teigtemperaturen

Weizen- und Weizenmischbrote mit Hefe:
22–24 °C
Weizen- und Weizenmischbrote mit Sauerteig:
26 °C
Roggenmisch- und Roggenbrote mit Sauerteig:
28–30 °C

Auswirkung auf Reifezeiten

Die Reifezeit halbiert sich alle 5 °C, die der Teig wärmer ist als geplant.

Die Reifezeit verdoppelt sich alle 5 °C, die der Teig kälter ist als geplant.

Einstellung der gewünschten Teigtemperatur

Einstellung der gewünschten Teigtemperatur über das Schüttwasser (= dem Teig zugefügte Flüssigkeitsmengen):

(Wunschtemperatur
x (Zahl der Zutatentemperaturen + 1))
– Summe der Zutatentemperaturen
= Schüttwassertemperatur

Beispiel:

Vorteigtemperatur: 20 °C
Mehltemperatur: 20 °C
Raumtemperatur: 19 °C
Wunschtemperatur: 24 °C

24 x 4 – 59 = 37 °C Temperatur des Schüttwassers

Selbstansatz von Sauerteig

Es gibt einige praktikable Wege, an einen eigenen Sauerteig zu kommen. Sie können zum Beispiel den eben beschriebenen Weg unseres vergesslichen Steinzeit-Bäckers gehen. Sie machen es sich dabei zunutze, dass Mehl bereits natürlicherweise Mikroorganismen wie Bakterien und Pilzsporen enthält, welche nach Zugabe

Fütterung des Anstellguts

Tag 1

50 g handwarmes Wasser, 50 g Mehl

Verrühren und bei 26 bis 28 °C für 24 Stunden ruhen lassen

Tag 2

50 g handwarmes Wasser, 50 g Mehl

Dazugeben, gut durchrühren. Bei 26 bis 28 °C für 24 Stunden ruhen lassen

Tag 3 und 4

Am dritten und vierten Tag wird das oben genannte Vorgehen wiederholt.

von Wasser beginnen, sich zu vermehren. Im Grunde brauchen Sie dazu also nur Mehl, Wasser, Wärme und fünf Tage Zeit.

Am ersten Tag mischen Sie 50 g handwarmes Wasser mit 50 g Mehl in einer großen Schüssel, rühren gut durch und lassen diesen Getreidebrei abgedeckt für 24 Stunden bei 26–28 °C stehen. Diese Temperatur erreichen Sie zum Beispiel, wenn Sie in Ihrem Backofen das Lämpchen einschalten und den Teig hineinstellen. Das gilt jedoch nur, wenn Ihr Ofen keine LED-Leuchte hat.

Am nächsten Tag fügen Sie wieder 50 g handwarmes Wasser und 50 g Mehl zu, rühren um und lassen den Teig erneut für 24 Stunden bei 26–28 °C ruhen. Wenn alles richtig läuft, sollte nach dieser Zeit bereits eine gewisse Aktivität im Teig entstanden sein. Er beginnt, Bläschen zu werfen und etwas säuerlich-fruchtig zu riechen. Die Schritte wiederholen Sie an Tag drei und vier.

Zum Schluss haben Sie am fünften Tag 400 g jungen Sauerteig. Dieser kann mit großer Wahrscheinlichkeit noch keinen Brotteig aufgehen lassen, weil er noch nicht triebfähig genug ist. Aber er kann schon als Zusatz in einem Brotteig verwendet werden. Wenn Sie diesen Sauerteig von nun an regelmäßig füttern und aufgehen lassen, wird er mit der Zeit immer stabiler, triebfähiger und weniger anfällig für unerwünschte »Fremdgärungen«, also den Befall mit unerwünschten Mikroorganismen. Der Grund ist, dass zum einen die im Sauerteig vorhandene Säure zum Beispiel das Wachstum von Schimmelpilzen hemmt. Zum anderen sorgt das Gleichgewicht der Mikroorganismen in einem gesunden Sauerteig dafür, dass sich Fremdkeime nicht in größerem Maße vermehren können.

Risiken der Spontanfermentation

Das eben genannte Verfahren ist gleichzeitig das faszinierendste Verfahren zur Herstellung eines eigenen Sauerteigs, aber auch dasjenige, bei dem am meisten schiefgehen kann. Denn es ist nicht vorhersehbar, ob die gewünschten Organismen es schaffen, sich im frischen Teig gegenüber jenen durchzusetzen, die ebenfalls darin zum Leben erweckt wurden und sich nun vermehren wollen. Gewünscht ist ein ausgewogenes Verhältnis zwischen Milchsäurebakterien und Wildhefen. Unerwünscht sind sogenannte Fremdgärungen, zum Beispiel durch Schimmelpilze.

Stellen Sie sich den frischen Teig als ein biologisches Experiment vor, in dem Sie als Leiter den verschiedenen Mikroorganismen genug Nahrung, Wasser und Wärme geben und dann schauen, wer sich am Ende durchsetzt.

Wenn es gelingt, besitzen Sie einen wirklich individuellen Sauerteig, den niemand anders in dieser Zusammensetzung so hat. Wenn es nicht gelingt, wenn also Ihr Sauerteigansatz beginnt zu schimmeln oder übel und ungesund zu riechen, müssen Sie von vorne anfangen. Es ist auch ärztlich klar davon abzuraten, zu versuchen, einen verdorbenen Sauerteigansatz noch irgendwie zu »retten«.

Alternative Möglichkeiten

Es gibt natürlich andere, »sicherere« Methoden, sich einen eigenen Sauerteig zu beschaffen.

- Vielleicht haben Sie eine Bäckerei in Ihrer Nähe, die noch mit eigenem Natursauerteig arbeitet. Fragen Sie doch einmal, ob Sie eine geringe Menge reifen Sauerteigs, es reichen 50 g, abkaufen können. Diesen verwenden Sie für die Weiterzucht Ihres eigenen Sauerteigs. Auch befreundete Hobbybäcker geben gerne von ihrem Sauerteig ab. Im Internet finden Sie sogar inzwischen eine »Sauerteigbörse«, wo Sie mit anderen Sauerteigbesitzern einen Austausch organisieren können.
- Alternativ bestellen Sie sich im Internet sogenannten Reinzuchtsauerteig oder Backfermentpulver. Aus beidem haben Sie nach der beiliegenden Anleitung schnell und sicher einen eigenen Sauerteig gezüchtet, den Sie wie nachfolgend beschrieben immer wieder wöchentlich füttern können. Solche Sauerteige sind oft mild und sicher triebfähig, da der Hersteller sein Fermentpulver darauf optimiert hat. An Sauerteigen, die daraus entstehen, wird lediglich kritisiert, dass sie immer gleich schmecken. Ihnen fehlt die Individualität.
- Sie können sich auch ein sogenanntes Hefewasser herstellen. Wie Hefewasser hergestellt wird, beschreibe ich auf Seite 30 ausführlicher. Hefewasser ist ein Spontanferment aus Wasser, Honig und Trockenfrüchten oder Obstschalen, das sich gelingsicherer herstellen lässt, als ein Spontanferment aus Wasser und Mehl. Sobald es reif ist, mischen Sie 50 g davon mit 50 g Mehl und lassen den Teig reifen. Davon nehmen Sie dann 20 g ab und verwenden es wie unten beschrieben zum Ansatz eines neuen Anstellgutes, welches Sie dann immer wöchentlich weiter füttern.
- Zur Not gibt es sogar fertigen Natursauerteig in Tüten, der direkt aus der Tüte heraus zwar nicht den Teig treibt, aber zumindest dem Brot Sauerteiggeschmack verleiht. Aus meiner Sicht ist er lediglich eine Notlösung.

Fütterung des Anstellguts

Von dem neuen Sauerteig sollten Sie etwas aufbewahren. Hierzu »füttern« Sie ihn zunächst. Nehmen Sie dazu 20 g dieses jungen Sauerteigs, geben ihn in ein sauberes Marmeladenglas, mischen ihn mit 60 g handwarmem Wasser und 60 g Mehl und rühren alles gut durch. Schrauben Sie den Deckel locker auf das Marmeladenglas und lassen Sie den Teig wieder bei 26–28 °C für einige Stunden reifen. Das Volumen des Sauerteiges sollte sich etwa verdoppeln. Anschließend können Sie das Marmeladenglas in den Kühlschrank stellen, wo der Sauerteig herabkühlt und dadurch seine Reifung verlangsamt. Der Fachmann nennt diesen Sauerteig nun »Anstellgut«. Bis zu einer Woche bleibt er auf diese Weise sicher gesund, im Notfall auch bis zu zwei Wochen. Dann sollte aber spätestens gefüttert werden, da sonst nicht mehr genug »Futter« im Glas ist und die Mikroorganismen verhungern.

Die Einschätzung des Reifezustandes eines Teiglings lernt man mit der Zeit

Reifendes Sauerteigbrot

Außerdem sammeln sich im Glas bei zu langem Hungern die Ausscheidungen der Kleinstlebewesen an, was weder für die Mikroorganismen, noch für den Bäcker sonderlich appetitlich ist. Sie sehen, es ist wirklich ähnlich wie bei Haustieren. Sie müssen für genug gesundes Futter und sauberes Wasser sorgen, ausreichend heizen, und natürlich die Ausscheidungen entfernen.

Ich empfehle deshalb, die beschriebene »Fütterung« des neuen Sauerteigs ein- bis zweimal pro Woche durchzuführen. Am besten immer dann, wenn Sie vom Anstellgut etwas brauchen, um einen Brotsauerteig anzusetzen oder »anzustellen«. Das Anstellgut wird immer getrennt von Ihren Brotsauerteigen aufbewahrt. So haben Sie immer Sauerteig vorrätig und laufen nie Gefahr, dass er Ihnen ausgeht.

Im Falle einer längeren Abwesenheit, beispielsweise während Ihres Urlaubs, können Sie den Sauerteig auf folgende Weise »haltbarer« machen. Führen Sie die Fütterung mit 20 g altem Anstellgut, 60 g Mehl und 30 g Wasser durch. Es entsteht ein sogenannter »fester« Sauerteig. In diesem laufen die Reifeprozesse langsamer ab und er ist dadurch länger lagerfähig. Wenn Sie wieder heimkommen, können Sie den Sauerteig dann wieder auf die gewohnte Weise füttern.

»Lievito Madre«

Das soeben beschriebene Verfahren führt zu einem sogenannten »flüssigen« Sauerteig. Die flüssige Sauerteigführung ist in Deutschland, Österreich, der Schweiz und Frankreich die verbreitetste Führungsart. In Italien existiert traditionell eher eine »feste« Sauerteigführung. Die sogenannte »Hefemutter« oder »Lievito Madre«, ist das althergebrachte Triebmittel hochwertiger italienischer Brotsorten. Eine triebkräftige »Madre« schafft ein unvergleichliches mildsäuerliches Brot. In den letzten Jahren gewinnt Lievito Madre daher auch hierzulande immer mehr Anhänger. Für eine Madre werden immer zwei Teile Mehl, ein Teil Wasser und zwei Teile Anstellgut gemischt, zu einer Kugel geknetet und kurz (3–4 Stunden) für die Reifung beiseitegestellt. Madre enthält also halb so viel Wasser wie Mehl.

Ein Beispiel für die Fütterung einer Madre: 100 g Weizenmehl wird gemischt mit 100 g Anstellgut (bevorzugt fest) und 50 g Wasser. Der entstehende feste Teig reift dann bei 28 °C für 3–4 Stunden.

Fester Sauerteig ist besser lagerfähig als flüssiger Sauerteig. Auf Dauer entwickelt sich auch eine andere Zusammensetzung der Mikroorganismen in einem festen Sauerteig und damit entstehen geschmackliche Unterschiede.

Mehlsorten für Sauerteig

Sauerteig können Sie aus allen Getreidemehlen, -schroten und sogar -flocken ansetzen. Mit der Zeit können Sie so individuelle Sauerteige herstellen. Zum Beispiel einen eher fruchtig-säuerlichen Roggensauerteig, einen nach Joghurt duftenden Weizensauerteig oder einen feinmilden Haferflocken-Sauerteig. Je mehr Zeit Sie bereit sind, für die Fütterung der verschiedenen Sauerteige, beziehungsweise Anstellgute aufzuwenden, desto vielfältiger kann Ihr Sauerteiglager im Kühlschrank ausfallen. Ich kenne Menschen, die mehrere Roggenanstellgute, ein Weizenanstellgut und ein Haferanstellgut aufbewahren und regelmäßig füttern.

Bei mir persönlich hat sich nach vielen Jahren des Experimentierens mit allen Arten der Sauerteige nur ein Anstellgut gehalten. Und zwar ein triebfähiges flüssiges Anstellgut aus hellem Weizenmehl. Dieses füttere ich zweimal pro Woche und verwende es, um alle weiteren Arten von Sauerteig anzusetzen.

Für den Ausmahlgrad der Mehle gilt: Je niedrigere der Mineralstoffgehalt des Mehls ist, desto mildere Sauerteige lassen sich daraus herstellen. Ein Sauerteig aus Vollkornmehl wird deshalb immer kräftiger sauer, als zum Beispiel aus Weizenmehl Type 550. Je nach Ihren Vorlieben können Sie so schon mit der Mehlauswahl das gewünschte Ergebnis steuern. Dunkleres Mehl enthält häufig mehr Nährstoffe für die Sauerteig-Organismen. Falls Ihr Anstellgut sich mit dem Wachstum etwas schwertut, kann es helfen, es ab und an auch einmal mit dunklerem Mehl oder sogar Vollkornmehl zu füttern.

Hefewasser

Hefewasser ist ein ebenso natürliches Triebmittel wie Sauerteig. Anstelle von Mehl werden zu seiner Herstellung Trockenfrüchte oder Obstschalen verwendet. Auf deren Oberfläche befinden sich, wie im Mehl, Mikroorganismen. Durch Zugabe von Honig, Malz oder Raffinadezucker und warmem Wasser werden diese Mikroorganismen aktiviert und zur Vermehrung gebracht.

Geben Sie also zum Beispiel 150 g ungeschwefelte Rosinen, 700 g handwarmes Wasser und 60 g flüssigen Honig oder Malzextrakt in eine saubere leere Kunststoflasche und schütteln die Mischung gut durch. Diese Flasche stellen Sie an einen Ort, der etwa 26–28 °C hat und behält. Zum Beispiel auf einen Heizkörper im Winter oder in den Ofen mit angeschalteter Lampe (nicht LED). Den Deckel legen Sie nur locker auf die Flasche auf oder ziehen einen Luftballon über den Flaschenhals. Letzterer zeigt Ihnen sogar an, wenn die Gasbildung im Hefewasser beginnt.

Auch hierbei schaffen Sie eine Spielwiese für Mikroorganismen, auf der es bald lustig »zur Sache« geht. Wenn alles klappt, ist der Ansatz innerhalb von zwei bis drei Tagen voll von Wildhefen und Milchsäurebakterien und sprudelt stark. Der Luftballon füllt sich mit Gas. Verschließen Sie die Flasche niemals fest, sonst kann sie platzen.

Sie können das Hefewasser dann bereits verwenden, um sofort einen Brotteig zu treiben. Oder Sie können daraus mit Mehl einen Vorteig (siehe Seite 37/38) ansetzen, der nach erfolgter Reifezeit dann für den Teigtrieb eingesetzt wird. Verwenden können Sie es auch zum Neuansatz eines Sauerteiges, wie auf Seite 26 erwähnt.

Die fermentierten Trockenfrüchte können Sie nun vom Hefewasser abseihen. Das Hefewasser sollten Sie, ähnlich wie Anstellgut, einmal wöchentlich füttern. Hierzu geben Sie etwas frisches Wasser und etwas flüssigen Honig, Malz oder Zucker zum Hefewasser, schütteln es und lassen es wieder an einem warmen Ort reifen, bis es gut sprudelt. Wenn Sie es nicht brauchen, stellen Sie das Hefewasser einfach in den Kühlschrank.

In meiner Küche ist Hefewasser nicht ständig vorrätig. Mir persönlich schmeckt das Hefewasser-Fruchtaroma im Brot nicht besonders. Auch ist bei Hefewasser schwerer einzuschätzen, ob und welche Fremdgärungen stattgefunden haben. Allerdings bin ich der Meinung, dass Hefewasser ein sehr guter Weg zur Herstellung eines eigenen Sauerteigs ist. Ich halte es zudem für eine faszinierende Spielart der natürlichen Teigfermentation.

Welchen Weg auch immer Sie wählen, um einen eigenen Sauerteig zu bekommen, er ist wie beschrieben aus meiner Sicht das optimalste Triebmittel für gesundes und bekömmliches Brot. Hierzu muss nicht unbedingt der Teig nur durch den Sauerteig getrieben werden. Die günstigen Effekte stellen sich auch ein, wenn Sie ein wenig Hefe zur Unterstützung des Triebs zugeben. Auf diese Weise vereinen Sie die Vorteile beider Triebmittel miteinander.

Weitere Triebmittel

Teige können auch mit chemischen Triebmitteln wie Backpulver hergestellt werden. Ich persönlich halte davon allerdings nichts. Es findet keine oder kaum Fermentation statt und alle gesundheitlich günstigen Prozesse, die ich mir in meinen Teigen eigentlich wünsche, unterbleiben.

Auf Ihr erstes eigenes Brot aus dem Ofen werden Sie sehr stolz sein

Profi-Equipment erleichtert einige Arbeiten, lässt sich aber durch günstige Alternativen ersetzen

DIE KÜCHENAUSSTATTUNG

In Bäckereien stehen oft viele sehr ausgereifte Maschinen und Öfen, die den Bäckern das Leben erleichtern und helfen, hervorragende Backergebnisse zu erzielen. Davon können wir in unserer Haushaltsküche nur träumen. Trotzdem gelingt es uns, auch eingefleischte Bäcker mit unseren Backergebnissen zu begeistern. Die meisten Gerätschaften haben Sie schon in einfacherer Form zu Hause oder können Sie inzwischen ohne Probleme käuflich erwerben.

Der **Backofen** ist selbstredend das wichtigste Gerät. Der Ofen sollte mindestens auf 250 °C aufheizen können und sich mindestens mit Ober-/Unterhitze betreiben lassen. Er sollte möglichst dicht schließen. Das können heute die meisten und auch die günstigen Einbauöfen. Für ein größeres Budget gibt es inzwischen aber auch Öfen, die selbst Dampf erzeugen können und die verschiedene Gär- und Brotbackstufen vorhalten. Aus meiner Sicht ist das jedoch nicht zwingend erforderlich.

Die **Küchenmaschine** hilft Ihnen, Ihre Teige ausreichend zu mischen und zu kneten und so für ein optimales Ergebnis zu sorgen. Teige können auch vollständig von Hand hergestellt werden. Es ist jedoch bei vielen Rezepten ein mühseliges Unterfangen, den Teig so intensiv von Hand zu kneten, wie es eine Maschine kann. In gewissen Grenzen können Sie auch **Handrührgeräte** verwenden, allerdings sind diese meist nicht robust genug, um auf Dauer keinen Schaden zu nehmen. Wenn Sie noch keine Küchenmaschine besitzen, sich aber eine anschaffen wollen, dann achten Sie beim Kauf besonders darauf, dass sie von robuster Bauart ist. Brotteige beanspruchen eine Küchenmaschine wesentlich stärker als Kuchenteige. Maschinen in Leichtbauweise erleiden oft ein ähnliches Schicksal wie Handrührgeräte: Das Getriebe oder der Motor werden überlastet und zerstört. Für alle normalen Teige werden Knethaken verwendet, bei sehr weichen Teigen kann auch der Flachschlägerhaken oder Kuchenteighaken helfen.

Ein **Backstein** oder ein **Backstahl,** der im unteren Bereich mit dem Backofen zusammen aufgeheizt wird, imitiert in Ihrem Backofen die intensive Unterhitze des Profiofens. Die Aufheizzeit des Backofens verlängert sich dadurch auf mindestens 30–40 Minuten. Er dient dann als Wärmespeicher, denn Haushaltsöfen heizen nicht so schnell nach wie Bäckeröfen. Backsteine können Sie passend beispielsweise aus Schamotte vom Ofensetzer zuschneiden lassen. Eine Blaustahlplatte schneidet Ihnen eine Schlosserei passend zu. Beides ist inzwischen auch online erhältlich. Wenn Sie noch nicht in einen Stein oder eine Stahlplatte investieren wollen, legen Sie ein Backblech beim Aufheizen des Ofens umgedreht in einen Einschub und backen das Brot auf dessen Rückseite. Den Backstein legen Sie am besten auf einen Ofenrost und schieben diesen über die Auflaufform zum Schwaden (siehe unten).

Außerdem benötigen Sie eine **Blech-** oder besser **Edelstahlauflaufform,** in die Sie noch Edelstahlschrauben oder die vom Gasgrill bekannten Lavatonsteine legen, um beim Backen Dampf zu erzeugen (»Schwaden«). Diese Form heizen Sie auf dem Ofenboden stehend mit auf. Wenn der Brotteigling im Ofen ist, gießen Sie rasch 50–70 g Wasser in diese Form und schließen sofort die Ofentür. Nun entsteht der gewünschte Dampfstoß, der, einem Saunaaufguss gleich, Ihrem Brotteigling richtig einheizt. Ohne diesen Dampf gehen die Teiglinge nicht so gut auf. Die Brotkruste bleibt blass und farblos, die Einschnitte reißen nicht so gut ein.

Bäckeröfen haben zum Schwaden eine Einrichtung, die auch größere Mengen Wasser sofort verdampfen kann.

Schüsseln und **Gefäße** brauchen Sie, um Vorteige und Teige darin gehen zu lassen. Sie sollten lebensmittelecht sein, also aus Glas, Edelstahl oder lebensmittelechtem Kunststoff.

Teigkarten, im einfachsten Fall normale Teigschaber, brauchen Sie, um Teige zu bearbeiten und zu teilen.

Eine **Küchenwaage** ist unumgänglich, damit Sie die Zutaten grammgenau abwiegen können.

Ein **scharfes Küchenmesser,** am besten mit Wellschliff, oder eine Rasierklinge mit Halter ist notwendig, damit Sie Ihre Brotteiglinge vor dem Backen gut einschneiden können.

Eine **Stipprolle** ist hilfreich, um vor dem Einschießen des Brots gleichmäßige Vertiefungen auf der Teigoberfläche einzuarbeiten. Alternativ kann dafür auch eine Gabel oder Stricknadel verwendet werden.

Gärkörbe aus Peddigrohr bzw. Holzschliff oder **Kastenformen** dienen Ihren Teiglingen als Stütze, wenn sie nach dem Formen aufgehen. Alternativ zu einem Gärkorb können Sie auch eine runde Küchenschüssel mit einem bemehlten Leinentuch auslegen und den Teigling darin gehen lassen. Längliche Teiglinge können auch im Leinentuch gehen. Decken Sie diese Behältnisse während des Reifens mit einer Frischhaltefolie oder besser einer wiederverwendbaren **Abdeckhaube** ab, damit die Teiglinge nicht antrocknen. In Kastenformen aus Stahlblech können Sie Ihr Brot sogar backen.

Ein festes **Leinentuch (Bäckerleinen)** hilft Ihnen, Kleingebäck wie Brötchenteiglinge, Baguettes und manche Brote reifen zu lassen. Wenn Sie keines haben, können Sie auch ein Baumwoll-Trockentuch gut bemehlen und benutzen. Die Teiglinge dabei auf das Leinen legen, zwischen den Reihen das Leinen etwas hochziehen, um ein Aneinanderkleben zu verhindern, und zum Abdecken die überstehenden Enden über die Teiglinge schlagen.

Sie sollten sich ein **dünnes Brett** oder ein Blech ohne Ränder beschaffen, mit dessen Hilfe Sie die Teiglinge, die ohne Form gebacken werden, in den Ofen befördern können. Das Brett sollte in etwa so lang und breit sein wie Ihr Backstein.

Backpapier/Dauerbackfolie benötigen Sie für die Beförderung des Brotes in den Ofen mit dem eben genannten Brett.

Mehlbürsten und **Pinsel** brauchen Sie während der Teigbearbeitung gelegentlich.

Ein gusseiserner **Brätertopf,** entweder rund oder oval, kann verwendet werden, wenn Sie besonders rustikal aufgerissene Brote backen wollen. Der Topf muss dabei 30–40 Minuten im Backofen vorgeheizt werden. Der Brätertopf hat einen so kleinen Backraum, dass bereits das im Teigling vorhandene und verdunstende Wasser genug Dampf erzeugt. Schwaden ist somit nicht mehr nötig. Brote gehen im Topf beim Backen besonders gut auf.

Ein **Teigthermometer,** meist als Einstichthermometer, hilft Ihnen, Ihre Sauerteige und Sauerteigbrote besser führen zu können.

Sie sollten auch eine saubere **Sprühflasche** besitzen, mithilfe derer Sie Teiglinge mit einem feinen Wassernebel besprühen können.

Inzwischen gibt es schon mehrere gut sortierte Versandunternehmen, die ambitioniertere Hobbybäcker mit allerlei Profizubehör und -zutaten versorgen. Decken Sie sich dennoch nicht sofort mit sämtlichen Dingen ein, die andere Hobbybäcker für unabdingbar halten. Manches kann Ihnen zwar die Arbeit erleichtern. Wichtiger aus meiner Sicht ist aber, dass Sie erst einmal mit dem Teig Erfahrungen sammeln, bevor Sie sich in Unkosten stürzen.

GÜNSTIGE ALTERNATIVEN FÜR DIE PROFI-KÜCHENAUSSTATTUNG

Empfohlen	Günstige Alternativen
Kneter oder Küchenmaschine	Kneten von Hand; Der Einsatz eines Handrührgerätes ist nur eingeschränkt zu empfehlen.
Backstein oder Backstahl	umgedrehtes Backblech
Dampfofen oder »Schwadomat«	Eine mit Edelstahlschrauben oder Lavasteinen befüllte Blech-/Edelstahl-auflaufform im Ofen aufheizen und Wasser hineingießen
Teigkarten	Teigschaber
Stipprolle	Gabel, Stricknadel
Gärkörbchen	Schüssel mit bemehltem Leinentuch auslegen, längliche Teiglinge im Leinentuch reifen lassen
Bäckerleinen/Leinentuch	bemehltes Baumwoll-Trockentuch
Abdeckhaube	Frischhaltefolie

Die Arbeitsschritte bei der Teigherstellung sind nahezu immer gleich

VORTEIGE UND NULLTEIGE HERSTELLEN

Es wurde bereits mehrfach erwähnt, dass der Teig für gesundes Brot lange reifen muss, um Inhaltsstoffe abzubauen, die im Körper zu Krankheitssymptomen führen können. Das kostet Zeit.

Diese Zeit ist jedoch für Sie keine verlorene Zeit. Der Teig steht oft stundenlang in Ihrer Küche und reift, während Sie andere Dinge tun, sich ausruhen oder gar schlafen. Die einzelnen Arbeitsschritte sind meist kürzer als 15 Minuten. Länger ist Ihre Aufmerksamkeit nicht gefordert. Ich organisiere mich beim Brotbacken meist so, dass die langen Reifezeiten zum Beispiel über Nacht ablaufen. Hierzu setze ich Vorteige oft am Vorabend des Backtages an und lasse sie 12 Stunden reifen. Oder ich nutze den Kühlschrank zur Teigreifung. Darin können Teige bis zu mehreren Tagen lang ohne mein Zutun gehen.

So werde ich den Anforderungen an gesundheitsfördernde Brotteige gerecht, ohne mich dabei zeitlich völlig aus dem Alltag abzukoppeln.

VORTEIGE

Ein wichtiges Prinzip, um Brot verträglicher zu machen, sind sogenannte Vorteige. Im Vorteig wird ein gewisser Anteil des Mehls (meist zwischen 10 und 30 Prozent) aus einem Brotrezept bereits lange vor der Teigherstellung mit Wasser und einer geringen Menge Triebmittel gemischt. Diese Mischung reift üblicherweise etwa 12 Stunden. Hierfür verwenden Sie am besten eine kleine Glas- oder Edelstahlschüssel, die Sie mit Klarsichtfolie oder einer wiederverwendbaren Abdeckhaube bedecken. Vorteige nehmen viele Prozesse der eigentlichen Teigreifung voraus. Ihre wichtigsten Aufgaben sind die Ausbildung von Reifearomen und die Quellung eines Teils des Mehls. Zudem vermehren sich im Vorteig die Mikroorganismen des Triebmittels. Sie brauchen dann weniger Hefe im Hauptteig. Die meisten Vorteige werden entweder mit Hefe angesetzt oder mit Sauerteiganstellgut. Wenn sie reif sind, werden sie einfach mit den restlichen Hauptteigzutaten gemischt und daraus ein Teig geknetet. Es gibt viele Arten von Vorteigen, von denen ich hier nur die häufigsten aufzählen kann:

FLÜSSIGER HEFEVORTEIG (»POOLISH«)

Für einen Poolish werden immer gleiche Mengen Mehl und Wasser gemischt. Reift der Poolish warm, dann werden nur 0,1 Prozent Hefe, bezogen auf die Mehlmenge, für seine Herstellung benötigt. Das ist bei haushaltsüblichen Mengen oft nur ein Zehntelgramm.

> Wenn Sie diese Menge nicht wiegen können, dann hilft eine Daumenregel: 0,1 g sind in etwa so groß wie ein Reiskorn. 0,3 g in etwa so groß wie eine Erbse.

Reift der Vorteig im Kühlschrank, dann brauchen Sie 1 % Hefe. Ein Poolish bringt fruchtige Aromen in Ihren Brotteig. Außerdem sorgt er für einen dehnbareren Teig. Poolish ist der klassische Vorteig für Baguettes und französische Brote.

FESTER HEFEVORTEIG (»BIGA«)

Für Biga wird das Mehl üblicherweise mit nur der halben Menge Wasser gemischt und verknetet. Es gehört in einen Biga-Vorteig immer 1 % Hefe bezogen auf die Mehlmenge, da die Reifeprozesse nicht so schnell laufen wie im Poolish. Biga gibt dem Brotteig nussigere Geschmacksnoten und verringert die Dehnbarkeit des Teiges.

Biga ist der klassische Vorteig für italienische Brote wie Ciabatta.

FLÜSSIGER SAUERTEIG

Analog zum Poolish werden hier gleiche Mengen Wasser und Mehl gemischt und Sauerteiganstellgut aus dem Kühlschrank (siehe ab Seite 24) als Starter hinzugegeben. Die Menge des Starters ist höchst unterschiedlich, je nach gewünschtem Ergebnis. Meist liegt sie aber zwischen 5 und 20 Prozent in Bezug auf die Mehlmenge. Flüssiger Sauerteig sollte möglichst zwischen 26 und 28 °C reifen, um schön mild zu bleiben und einen guten Trieb zu bekommen.

FESTER SAUERTEIG

Beim festen Sauerteig wird analog zu Biga das Mehl mit etwa der Hälfte Wasser gemischt. Dann werden ebenfalls, je nach gewünschtem Ergebnis, 5–20 Prozent Sauerteiganstellgut bezogen auf die Mehlmenge zugegeben und der Teig von Hand oder maschinell zu einer Kugel geknetet. Wenn Sie einen italienischen »Lievito Madre« herstellen wollen, müssen Sie Mehl, Wasser und Anstellgut im Verhältnis 2 Teile Mehl, 2 Teile Anstellgut und 1 Teil Wasser mischen. Idealerweise führen Sie hierzu schon das Anstellgut als festen Sauerteig.

»NULLTEIGE«

Beim Nullteig werden ebenfalls Mehl oder Saaten und Wasser gemischt, aber kein Triebmittel zugegeben. Aufgabe von Nullteigen ist vor allem die Wasseraufnahme oder Quellung, die dann nicht erst im Hauptteig erfolgt. Das verbessert die Frischhaltung und Saftigkeit der Brotkrumen.

QUELLSTÜCK

Wenn Sie normal temperiertes Wasser mit Mehl oder Saaten mischen, heißt der entstehende Nullteig »Quellstück«.

MEHLKOCHSTÜCK

Wenn Sie eine noch intensivere Wasseraufnahme wünschen, dann können Sie ein Quellstück auch langsam unter Rühren erhitzen. Bei Temperaturen über 60 °C beginnt die Mehlstärke, ein Vielfaches ihres eigenen Gewichts an Wasser aufzunehmen. Es entsteht eine cremige Masse, die an Pudding erinnert. Sie kennen das vielleicht von der Mehlschwitze. Üblicherweise wird die fünffache Menge Wasser in Bezug auf die Mehlmenge zugegeben. Solche Nullteige heißen dann »Mehlkochstück« oder »Water Roux« / »Tangzhong«.

BRÜHSTÜCK

Eine weitere Spielart ist die Zugabe von kochendem Wasser zum Mehl oder zu den Saaten, gefolgt von kräftigem Umrühren. Auch dies führt zu einer stärkeren Wasseraufnahme. Solche Nullteige werden »Brühstück« genannt. Brühstücke finden häufig bei der Quellung von Schroten oder Saaten Anwendung.

VORTEIGE IM ÜBERBLICK

Poolish

1 Teil Wasser + 1 Teil Mehl + 0,1 % Hefe. Reifezeit 12–16 h

Biga

1 Teil Wasser + 2 Teile Mehl + 1 % Hefe. Reifezeit 12–16 h

Flüssiger Sauerteig

1 Teil Wasser + 1 Teil Mehl + 10 % Anstellgut. Reifezeit 12–16 h

Fester Sauerteig

1 Teil Wasser + 2 Teile Mehl + 10 % Anstellgut. Reifezeit 12–16 h

Beim Dehnen und Falten wird der Teigling auseinandergezogen und zu einer Art Päckchen wieder zusammengelegt

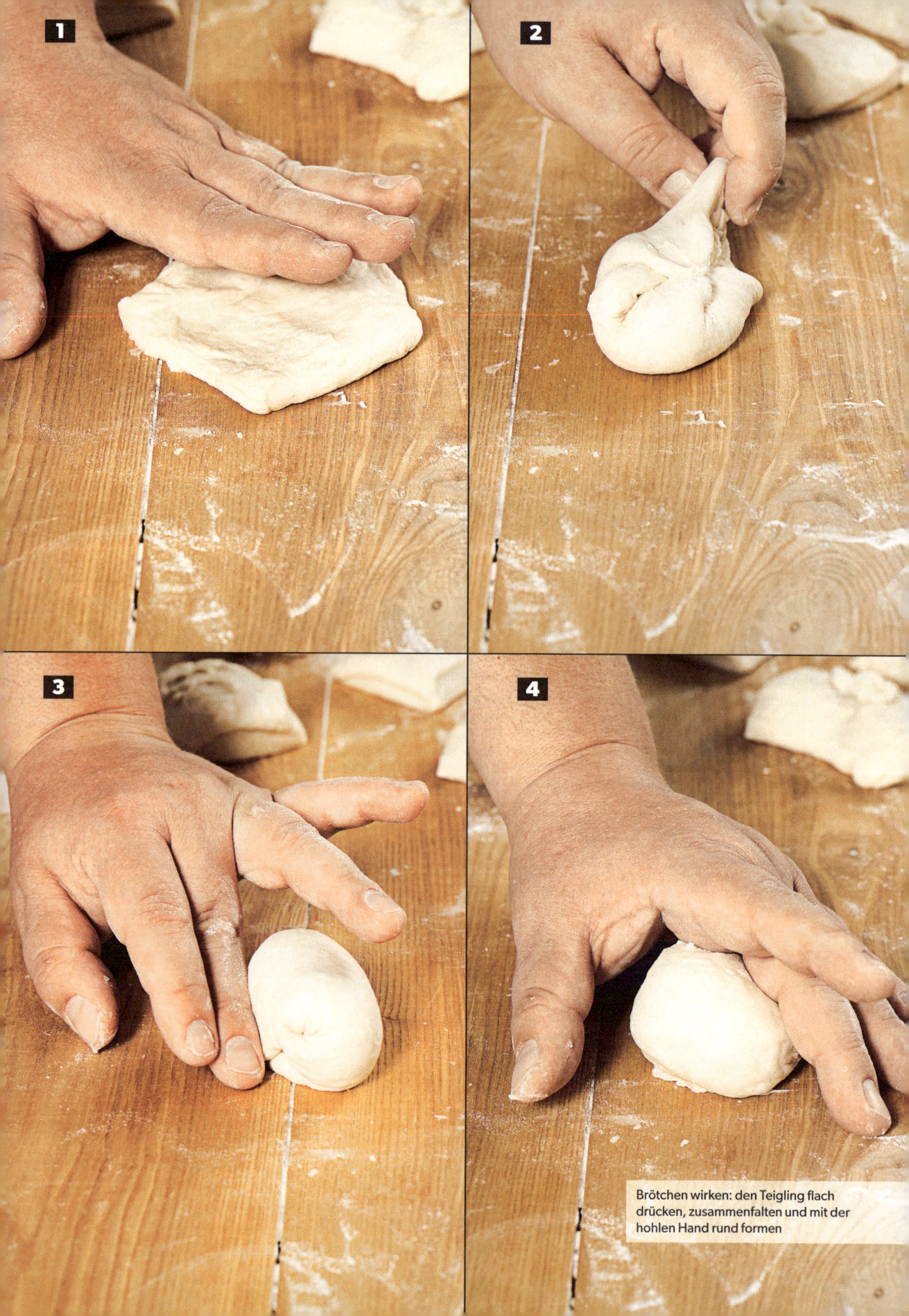

Brötchen wirken: den Teigling flach drücken, zusammenfalten und mit der hohlen Hand rund formen

DIE ARBEITSSCHRITTE

Die Herstellung eines Brots folgt grundsätzlich immer den gleichen zehn bis elf Schritten. Zwischen all diesen Schritten bestehen Ruhepausen, die Ihre Aufmerksamkeit nur gering in Anspruch nehmen.

VORTEIG HERSTELLEN

Mischen Sie die Vorteigzutaten gründlich und lassen Sie sie nach Rezept reifen.

HAUPTTEIG MISCHEN UND KNETEN

Üblicherweise werden die Hauptteigzutaten und der Vorteig gemeinsam in die Knetschüssel der Küchenmaschine gegeben und anfangs 2–3 Minuten langsam, dann noch einige Minuten etwas schneller verknetet. Kneten können Sie auch von Hand. Dies ist zwar deutlich anstrengender und zeitlich wesentlich aufwändiger als maschinelles Kneten, doch Sie bekommen dabei ein sehr gutes Gefühl für die Entwicklung eines Teiges.

Aufgabe des Knetens ist grundsätzlich erst einmal, alle Zutaten miteinander gut zu vermischen.

Es geschieht dabei aber insbesondere bei Weizen- und Dinkelteigen noch mehr. Die im Mehl vorhandenen Eiweiße, vor allem das Klebereiweiß Gluten, beginnen sich miteinander zu verketten und dadurch die Teigstruktur aufzubauen. Der Teig bekommt einen inneren Zusammenhalt, wird elastisch und dehnbar. Das ist die wichtigste Voraussetzung, um den Teig in eine gute Form zu bringen. Einen Teig durch Kneten zu einer guten Teigstruktur zu entwickeln kann durchaus etwas dauern. Die Teigstruktur hilft, die beim Reifen entstehenden Gärgase zu umschließen. Dadurch kann der Teig aufgehen und Volumen entwickeln.

Ein **Weizenteig** ist gut ausgeknetet, wenn er sich von der Schüsselwand löst, glatt ist und nicht mehr reißt. Sie können ihn mit feuchten Händen auseinanderziehen, bis er leicht durchsichtig wird (»Fenstertest«; siehe Seite 53).

Bei **Dinkelteigen** wird meist insgesamt etwas kürzer geknetet, damit der empfindlichere Kleber nicht überstrapaziert wird. Weizen- und Dinkelteige können auch überknetet werden. Dann reißt die Teigstruktur und jeglicher Zusammenhalt geht verloren. Überknetete Teige sind allerdings nicht hinüber. Sie können zum Reifen in eine Kastenform gegeben werden und darin backen. Allerdings wird das Brot bei Weitem nicht so gut aufgehen, wie mit intakter Teigstruktur.

Je länger Sie Teige kneten, desto wärmer werden sie. Das liegt an der Entstehung von Reibungswärme. Berücksichtigen Sie diese Tatsache, wenn Sie einen Teig länger kneten müssen. Geben Sie möglichst kaltes Wasser zum Mehl. Dann überwärmt sich der Teig nicht so schnell.

Roggenteige werden lediglich etwa 6–8 Minuten mit dem Knethaken oder von Hand vermischt, um einen gleichmäßigen Teig zu erhalten. Sie lösen sich nicht von der Schüssel. In Roggenteigen finden sich sogenannte Schleimstoffe (»Pentosane«). Diese können, ähnlich wie das Glutenklebergerüst bei Weizen- und Dinkelteig, die Gärgase einschließen, allerdings nicht so effektiv. Zudem verleihen sie dem Teig keine Elastizität. Deshalb haben Roggenbrote immer eine dichtere Krume und ein geringeres Volumen als Weizenbrote.

ERSTE TEIGRUHEZEIT (»STOCKGARE«)

Der Hauptteig reift nun zum ersten Mal. Es kommen die Fermentationsprozesse in Gang, die den Teig später geschmackvoller, bekömmlicher und gut gelockert machen.

Die Stockgare dauert meist zwischen 1–3 Stunden. Verwenden Sie für die Stockgare eine runde Glas- oder Edelstahlschüssel oder einen lebensmittelechten eckigen Kunststoffbehälter. Wenn Sie möchten, dass der Teig sich später leichter löst, dann streichen Sie den Behälter vorher mit etwas Öl ein. Der Behälter muss während der Stockgare abgedeckt sein, damit die Teigoberfläche keine Haut bildet.

Bei manchen Rezepten müssen Sie den Teig während der Stockgare dehnen und falten. Dadurch wird das Klebergerüst weiter verstärkt und der Teigling hält seine Form besser. Hierzu nehmen Sie eine Seite des Teiglings mit feuchten Händen, ziehen ihn etwas in die Länge und klappen ihn über den Teig. Das wiederholen Sie von den drei anderen Seiten des Teiglings. Eine Anleitung dafür finden Sie unter https://brotdoc.com/2014/03/04/video-teigbearbeitung-strecken-und-falten/

Die Stockgare kann auch teilweise oder ganz im Kühlschrank erfolgen. Dann kann sie bis zu mehreren Tagen dauern, wodurch sich Teige zum Beispiel für Pizza gut vorbereiten lassen. Eine Stockgare kalt durchzuführen ist auch eine hervorragende Methode für alle, die nicht so viel Zeit zum Backen erübrigen können. So kann ein Brot über zwei bis drei Tage hinweg mit jeweils nur geringem Zeitaufwand pro Tag hergestellt werden. Je länger Sie den Teig im Kühlschrank reifen lassen, desto weniger Hefe gehört in den Hauptteig.

Veränderte Zeit- und Mengenangaben für die kalte Gare bei 5 °C

Geplante Reifezeit	Hefemenge in Bezug auf die Mehlmenge
12–24 Stunden	0,8 %
24–48 Stunden	0,6 %
> 48 Stunden	0,4 %

HAUPTTEIG VORFORMEN (NUR WEIZEN UND DINKELTEIGE)

Meist wird nach der Stockgare der Teig auf der bemehlten Küchenarbeitsfläche zum ersten Mal grob in Form gebracht und ruht dann noch einmal kurz (10–20 Minuten). Das Vorformen führt zu einer strafferen Teigstruktur und besseren Formhaltung des späteren Teiglings.

HAUPTTEIG FORMEN (»WIRKEN«)

Das Wirken bringt den Teigling in seine endgültige Form, die er auch beim Reifen und Backen behalten soll. Bei Dinkel- und Weizenteigen geschieht das durch die Straffung der Kleberstränge. Roggenteige werden hingegen lediglich – ähnlich wie bei der Bearbeitung von weichem Ton – rund oder länglich geformt. Sie können nicht gestrafft werden. Zum Einüben dieser Arbeitsschritte empfehle ich Ihnen https://brotdoc.com/2014/08/30/video-festen-teig-rund-und-langwirken/

ZWEITE TEIGRUHEZEIT (»STÜCKGARE«)

Der Teig geht nun ein zweites Mal auf, bevor er gebacken werden kann. Die Dauer der Stückgare entscheidet darüber, wie stark das Brot beim Backen noch aufgeht. Je kürzer die Stückgare, desto intensiver geht es im Ofen auf und desto stärker reißt der Einschnitt. Umgekehrt: Je länger die Stückgare, desto geringer geht das Brot im Ofen auf und desto weniger reißt der Einschnitt.

Wenn ein Brotteigling fast volle Reife hat, dann sollten Sie ihn möglichst gar nicht mehr einschneiden. Volle Reife hat der Teigling, wenn sich sein Volumen in der Form oder im Gärkörbchen mehr als verdoppelt hat.

Brot wirken: den Teigling flach drücken, die Seiten zur Mitte falten, umdrehen und straff rund oder lang formen

1
2
3
4
5
6

Zum Einschneiden kann auch eine Rasierklinge mit Halterung verwendet werden

Sie können auch den berühmten »Fingertest« machen. Stupsen Sie den Teigling mit der Fingerspitze sanft an. Wenn die Vertiefung sofort wieder hochkommt, ist der Teigling noch relativ unreif. Wenn Sie jetzt backen, wird das Brot stark aufreißen. Je langsamer sich die Vertiefung wieder füllt, desto reifer ist der Teigling. Wenn sich die Vertiefung nicht mehr füllt, hat der Teig Vollreife. Jetzt müssen Sie spätestens backen, sonst wird Ihr Teig überreif und fällt in sich zusammen.

Die Einschätzung des Reifezustandes Ihres Teiglings ist eine Fähigkeit, die Sie mit der Zeit erlangen werden. Halten Sie sich zunächst an die Reifezeiten, die im Rezept angegeben sind. Stellen Sie dann fest, dass das Brot nicht mehr gut im Ofen aufgeht oder die Schnitte nicht einreißen, oder das Brot beim Auskippen aus dem Gärkörbchen völlig flach wird, dann müssen Sie beim nächsten Versuch die Reifezeit verkürzen. Umgekehrt: »Explodiert« Ihnen das Brot im Ofen, reißt es übermäßig und unschön auf, dann war Ihre Stückgare zu kurz.

TEIGLING EINSCHNEIDEN UND IN DEN OFEN BEFÖRDERN (»EINSCHIESSEN«)

Wenn Ihr Teigling die gewünschte Reife hat, müssen Sie ihn nur noch einschneiden. Hierzu nutzen Sie am besten ein scharfes Messer mit Wellschliff oder eine Rasierklinge. Dann befördern Sie ihn auf den heißen Backstein im vorgeheizten Backofen. Bei Broten, die in einer Form gebacken werden, können Sie diese nach dem Einschneiden einfach auf den Stein stellen. Bei Broten aus dem Gärkörbchen, die ohne Form (»freigeschoben«) gebacken werden, geht es meiner Erfahrung nach am besten mit einem rechteckigen, mit Backpapier belegten Sperrholzbrett, das in der Breite dem Backstein entspricht (»Einschießer«). Kippen Sie den Teigling aus seinem Körbchen auf das Backpapier und schneiden Sie ihn wie gewünscht mit raschen sicheren Schnitten ein. Achten Sie zuvor, wenn Sie den Teigling auf den Einschießer geben, auf die Position des Teigschlusses. Meist kommt dieser unten zu liegen. Für die richtige Position wird der Teigling häufig aus dem Gärkörbchen auf den Einschießer gewendet (= gestürzt). Folgen Sie hier der Rezeptanweisung genau.

Je unreifer ein Teigling ist, desto tiefer können Sie schneiden. Die Einschneide-Techniken sind in vielen Videos in meinem Blog oder auf anderen Seiten im Detail erklärt, hier lohnt sich ein vorheriges Ansehen. Dann öffnen Sie den Ofen und lassen den Teigling samt Backpapier mit einer raschen Hin- und Her-Bewegung von der Sperrholzplatte auf den Stein oder das aufgeheizte Backblech rutschen. Diesen Schritt sehen Sie sich auch am besten in einem Video vorher an.

Backen Sie Ihre Brote und Brötchen am besten im unteren Bereich des Backofens.

DAMPF IM OFEN ERZEUGEN (»SCHWADEN«)

Wenn das Brot im Ofen ist, müssen Sie einen Dampfstoß erzeugen. Hierzu gießen Sie rasch 50–70 g Wasser in ein aufgeheiztes Blech oder eine Edelstahl-Auflaufform, die mit Edelstahlschrauben, -muttern oder mit Lavatonsteinen gefüllt ist. Achten Sie darauf, dass Sie sich nicht an dem sofort entstehenden Dampf verbrennen. Dann schließen Sie rasch die Ofentür. Das Wasser verdampft schlagartig und füllt den Ofenraum mit Feuchtigkeit. Diese kondensiert auf dem Brotteigling und hält die Kruste während der ersten Backminuten elastisch. Das Brot kann deutlich besser aufgehen und die Einschnitte reißen rustikaler auf. Die Feuchtigkeit löst auch Zuckerstoffe aus der Teigkruste, sodass diese später kräftiger bräunen kann als ohne den erzeugten Dampf.

BROT BACKEN

Nun lassen Sie das Brot für die im Rezept angegebene Zeit im Ofen backen. Meist wird die Anfangsbacktemperatur nach kurzer Zeit reduziert, zum Beispiel von 240 °C auf 210 °C, damit das Brot nicht zu schnell bräunt und Zeit hat, auch innen durchzubacken. Brote gelingen meist am besten mit Ober-/Unterhitze und Brötchen und Baguettes mit Umluft / Heißluft.

Bei Brötchen und anderem Kleingebäck gehe ich inzwischen umgekehrt vor und heize nicht mehr so heiß wie möglich vor. Nach meiner Erfahrung sollten sie etwa 1–2 Minuten bei 230 °C angebacken werden. Dann »verhautet« die Teigoberfläche nicht so schnell und Ihre Einschnitte reißen besser auf. Dann erhöhe ich die Temperatur auf 240 bis 250 °C, um für ein rasches Fertigbacken zu sorgen. Brote und Brötchen sind dann fertig gebacken, wenn sie gleichmäßig schön gebräunt sind und eine Kerntemperatur von 96 °C erreicht haben. Diese Temperatur können Sie, wenn Sie sicher sein wollen, mit einem Einstichthermometer messen.

Die Daumenregeln lauten:

94 °C fast gar
96 °C gar
98 °C nur bei sehr weichen Teigen nötig

Meiner Erfahrung nach reicht es aber in den meisten Fällen, die angegebenen Backzeiten einzuhalten und sich nach dem Bräunungsgrad zu richten. Ob ein Brot fertig gebacken ist, kann auch mit dem Klopftest überprüft werden. Hierzu wird das Brot aus der Form oder vom Blech hochgehoben und mit dem Fingerknöchel auf die Unterseite geklopft. Tragen Sie hierbei einen Ofenhandschuh, um sich nicht zu verbrennen. Klingt es hohl, ist das Brot fertig. Klingt es eher dumpf, einfach für 10 Minuten weiterbacken und anschließend den Klopftest wiederholen.

Durchschnittliche Backzeiten

Gewicht	Backzeit
Brötchen (ca. 90–100 g)	20 Minuten
Brot (500 g)	30 Minuten
Brot (750 g)	40–45 Minuten
Brot (1000 g)	55–60 Minuten
Brot (1250 g)	60–65 Minuten
Brot (1500 g)	65–70 Minuten
Brot (2 x 750 g)	45 Minuten
Brot (2 x 1000 g)	60–65 Minuten
Brot (2 x 1500 g)	70–80 Minuten

AUSKÜHLEN LASSEN

Dieser Schritt ist wichtig, damit sich Kruste und Krume nach dem Backen stabilisieren. Auch wenn es angesichts des betörenden Duftes schwerfällt, seien Sie geduldig. Ein noch heiß angeschnittenes Brot kann dabei zerreißen und dann war alle Mühe umsonst. Beim Abkühlen stabilisiert sich die Krume und wird schneidfähig. Weizenbrote können Sie nach 30–60 Minuten anschneiden. Bei Roggenbroten empfiehlt sich, eine Ruhezeit von mindestens 12 Stunden einzuhalten.

GENIESSEN

Sie haben es geschafft – Ihr eigenes Brot ist fertig und Sie können genussvoll hineinbeißen. Wenn Sie alles beachtet haben, dann wird Ihr Brot vorzüglich schmecken und gesundheitlich gut bekömmlich sein. Vielleicht passt noch nicht alles bei der Optik, aber das ist lediglich eine Frage der Zeit. Machen Sie einfach weiter mit dem Selbstbacken. Mit jedem Brotteig werden Sie erfahrener und geschickter.

Das Brot vom Einschießer mit Hin- und Her-Bewegungen auf den Backstein gleiten lassen. Im unteren Bereich befindet sich die Schale zum Schwaden

Einschießer
(Brett mit Backpapier)
Backstein auf Ofengitter
Auflaufform zum Schwaden

Messer mit Wellenschliff sind zum Einschneiden ideal

GRUNDBEGRIFFE KURZ ERKLÄRT

STOCKGARE (ERSTE TEIGRUHE)

Die Stockgare ist die erste Teigruhe des Hauptteiges. Sie dauert in der Regel 1–3 Stunden. Bei manchen Backwaren wird der Teig währenddessen gedehnt und gefaltet. Dadurch behalten Teiglinge besser ihre Form. Die Stockgare kann auch bis zu mehreren Tagen im Kühlschrank erfolgen; so lässt sich Teig gut vorbereiten.

WIRKEN

Als Wirken wird das Formen des Hauptteiges bezeichnet. Feste Dinkel- und Weizenteige werden dabei gestrafft. Weiche Teige und Roggenteige werden lediglich in Form gebracht. Es wird zwischen rund wirken und lang wirken unterschieden. Beim Rundwirken wird der Teig rund, beim Langwirken länglich geformt.

(TEIG-)SCHLUSS

Beim Wirken wird der flach gedrückte Teig zusammengerollt bzw. -gedrückt. Eine Seite ist dadurch nicht ebenmäßig geschlossen, sie weist eine Art Nahtstelle, den sogenannten Schluss auf.

STÜCKGARE (ZWEITE TEIGRUHE)

Die Stückgare bezeichnet die Teigruhe des in Form gebrachten Hauptteiges. Je länger die Stückgare erfolgt, desto geringer geht das Brot im Ofen auf und desto weniger reißt es auf. Die Einschätzung des richtigen Reifegrades lernen Sie mit der Zeit.

FREIGESCHOBEN

Freigeschoben sind Brote, die nicht in der Form gebacken werden. Sie werden lediglich aus dem Gärkörbchen auf den Einschießer gestürzt (gewendet) und dann in den Ofen befördert.

EINSCHIESSEN

Einschießen bedeutet lediglich, den reifen Teig in den Ofen zu befördern. Eine Kastenform stellen Sie einfach auf den Backstein; Teige ohne Backform geben Sie zuvor auf einen mit Backpapier belegten Einschießer (z. B. ein auf die Größe des Backofens zugeschnittenes Brett) und lassen das Backpapier mit dem Teigling mit einer raschen Hin- und Her-Bewegung auf den Backstein rutschen. Bedecken Sie den Einschießer bitte immer mit Backpapier, um das Heruntergleiten zu erleichtern. Auch beim Backen auf einem Backblech sollten Sie immer ein Backpapier unterlegen.

SCHWADEN

Durch Schwaden erzeugen Sie einen Dampfstoß im Ofen. Haben Sie keinen Dampfbackofen, stellen Sie während des Vorheizens eine Edelstahlauflaufform auf den Boden des Ofens und befüllen diese mit Edelstahlschrauben oder Lavasteinen. Ist der Teigling eingeschossen, gießen Sie 50–70 g Wasser darauf und schließen die Ofentür sofort. Vorsicht: Hier entsteht sehr heißer Dampf. Wenn Sie so vorgehen, legen Sie den Backstein möglichst auf einen Ofenrost und schieben diesen mit etwas Abstand über die Auflaufform.

HINWEISE ZU DEN REZEPTEN

Dieses Buch enthält 65 Rezepte. 60 davon habe ich aus den über 350 Rezepten, die ich seit 2010 entwickelt habe, für dieses Buch ausgewählt. Sie wurden bereits unzählige Male nachgebacken und haben sich als erfolgreich und gelingsicher erwiesen. Alle sind richtige Lieblingsrezepte meiner Leserinnen und Leser. Neben deutschen Brot- und Brötchenklassikern finden Sie auch einige Baguetterezepte, die meiner Liebe für diese französische Brotsorte entsprungen sind.

Fünf Rezepte habe ich exklusiv für dieses Buch neu entwickelt.

Die Rezepte sind sowohl nach Schwierigkeitsgrad als auch nach Getreidesorten geordnet. Zu Beginn finden Sie Rezepte, die Sie mit wenig Erfahrung und geringerem Aufwand backen können. In der Mitte habe ich Kleingebäck und Brötchenrezepte platziert. Zum Ende des Buchs kommen dann aufwändigere Rezepte und Rezepte mit hohem Roggenanteil, für die Sie eigenen Sauerteig brauchen.

In den Rezeptbeschreibungen habe ich versucht, möglichst wenige Fachbegriffe aus der »Bäckersprache« zu verwenden. Wenn sie doch vorkommen, dann wurden sie in der Einleitung erklärt. Wenn sich ergänzende Fragen ergeben, finden Sie im Anhang noch Hinweise auf weiterführende Informationsquellen.

Die Rezeptmengen richten sich nach einfachen Kriterien: Sie sind für eine Backform für 1 bis 1,5 kg Teig ausgerichtet, die in fast jedem Haushalt vorhanden ist. Oder Sie richten sich bei Brötchen nach der Menge, die auf ein Blech passt. Sie können die Zutatenmengen einfach verdoppeln, wenn Sie eine größere Menge Brot und Brötchen brauchen.

GUT ZU WISSEN

UMRECHNUNG VON TEIGMENGEN

Die meisten Rezepte in diesem Buch sind für Teigmengen von 1000 g berechnet. Wenn Sie weniger oder mehr brauchen, können Sie mit den folgenden Faktoren die Zutatenmengen umrechnen.

Standardgrößen (aktuelle Teigmenge fett)

Teigmenge	750 g	**1000 g**	1500 g	2000 g
Faktor	0,75	0	1,5	2

Teigmenge	750 g	1000 g	**1500 g**	2000 g
Faktor	0,5	0,66	0	1,33

Beispiel: Sie haben 1500 g Teigmenge, brauchen aber nur 1000 g. Dann nehmen Sie alle Zutatenmengen mal 0,66 und runden die Ergebnisse leicht auf beziehungsweise ab.

Sie können auch **individuelle Faktoren** berechnen.

Beispiel: Sie haben bei einem Rezept 1630 g Teigmenge, wollen aber nur 1000 g.

Die Formel lautet: Gewünschte Teigmenge durch tatsächliche Teigmenge = Umrechnungsfaktor

Hier also 1000 : 1630 = 0,61.

Sie müssen also die einzelnen Zutatenmengen mit dem Faktor 0,61 multiplizieren, damit die richtigen Mengenangaben für eine Teigmenge von 1000 g herauskommen.

TEIGAUSBEUTE (TA)

= Maß für den Flüssigkeitsgehalt des Teiges, ausgehend von der gesamten Mehlmenge. Mehlmenge sind immer 100 %, die Flüssigkeitsmenge wird in Prozent dazugerechnet.

Beispiel: 1000 g Mehl und 630 g Flüssigkeit
Rechnung: 630 : 1000 = 0,63 – also 63 Prozent
100 % + 63 % = TA 163

Beispiel: 700 g Mehl und 490 g Flüssigkeit
Rechnung: 490 : 700 = 0,7 – also 70 Prozent
100 % + 70 % = TA 170

ALLGEMEINE HINWEISE

Wiegen Sie die Zutaten möglichst genau ab. So stellen Sie sicher, dass die Zutatenverhältnisse auch stimmen. Die Rezeptanweisungen sind für das Backen bei moderaten Raumtemperaturen (19 bis 21 °C) verfasst. Stellen Sie sich darauf ein, dass sich bei wärmeren Raumtemperaturen im Sommer die Reifezeiten verkürzen und bei kälteren Raumtemperaturen im Winter die Reifezeiten verlängern. Ohnehin können die in den Rezepten angegebenen Knet- und Reifezeiten nur ein Richtwert sein, da sich manche Bedingungen kaum normieren lassen.

Schließlich backen Sie Ihr Brot ja nicht in einem Labor unter wissenschaftlichen Bedingungen.

Teiglinge können auch im Bäckerleinen reifen, dazu das Leinen zwischen den Teiglingen stützend hochziehen

Die Zeitangaben in den Rezepten

Zu den Rezepten sind verschiedene Zeitangaben vermerkt, damit Sie die Auswahl des Rezeptes nach der Ihnen zur Verfügung stehenden Zeit wählen können. Bei allen Angaben handelt es sich um circa Angaben, da die tatsächlichen Zeiten immer etwas variieren können.

Die »Arbeitszeit« ist jene Zeit, während der Ihre persönliche Aktion am Teig gefordert ist. Sie werden sehen, dass die reine Arbeitszeit pro Rezept oft deutlich weniger als eine Stunde beträgt. Oft teilt sich diese Zeit in Blöcke von etwa 10–15 Minuten auf. Dazwischen liegen die Reifezeiten. Je erfahrener Sie werden, desto schneller gehen Ihnen die Arbeitsschritte von der Hand.

Die »Reifezeit« bezeichnet die gesamte Zeit, die Vorteig und Hauptteig reifen. Sie dient Ihnen als Richtwert, wie viel Zeit der Teig insgesamt für die Reifung braucht.

Weiterhin ist die »Backzeit« angegeben. Das hilft Ihnen bei der Planung Ihres Backtages.

Aus diesen Zeiten ist schließlich die »Gesamtzeit« berechnet. Das ist die Zeit, die vom Beginn der Herstellung bis zu dem Moment vergeht, in dem Sie das Brot fertig gebacken haben.

Ein praktisches Beispiel für die Anwendung der Gesamtzeit: Sie wollen ein Rezept backen, das 25 Stunden und 30 Minuten Gesamtzeit benötigt. Das Gebäck soll am Sonntag morgens um 10 Uhr fertig gebacken sein. Rechnen Sie einfach von dieser Zeit 25 Stunden und 30 Minuten zurück. Sie müssen also mit dem ersten Arbeitsschritt, meist dem Ansetzen des Vorteigs, am Samstag um 08:30 Uhr beginnen. Auf diese Weise können Sie sich die Rezepte an Ihren Alltag anpassen. Bedenken Sie zudem, dass die Backwaren abkühlen müssen.

Wenn Ihnen ein Rezept nicht auf Anhieb gelingt, seien Sie nicht enttäuscht. Auch ich habe das Backen nicht an einem Tag erlernt und misslungene Ergebnisse produziert. All diese Brote wurden trotzdem von meiner Familie mit Genuss verspeist.

Der Fenstertest zeigt, ob sich schon ein stabiles Klebergerüst ausgebildet hat

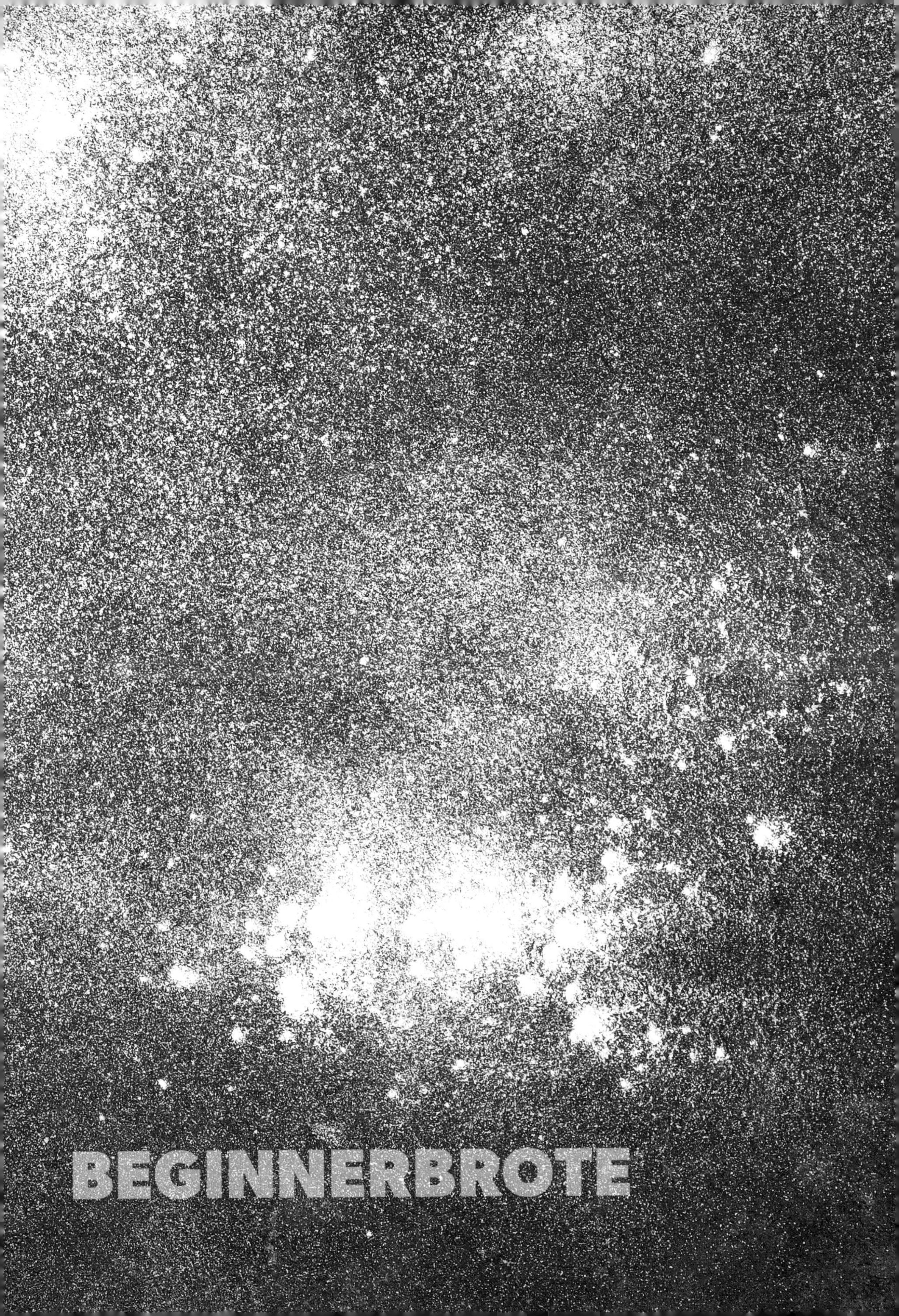

BEGINNERBROTE

BEGINNER-WEISSBROT

Dieses Rezept habe ich einmal in einem Forum für einen kleinen Wettbewerb um das anfängertauglichste Rezept entwickelt. Es ist ohne weiteres aufwändiges Zubehör herzustellen und ergibt gelingsicher ein aromatisches und leckeres Weißbrot für alle Tage. Es zeigt Ihnen, dass Teige aus Weizen gut in der Lage sind, ihr Klebergerüst und ihre Teigstruktur auch ohne maschinelles Kneten aufzubauen. Durch den Vorteig hat es einen fruchtig-süßlichen Geschmack und eine schön knusprige Kruste. Das Rezept können Sie auch mit Weizenmehl Type 405 ausprobieren.

Arbeitszeit: 45 Minuten | Reifezeit: 15 ¼ Stunden | Backzeit: 50–60 Minuten
Gesamtzeit: 17 Stunden

Für ein 1-kg-Gärkörbchen oder eine 1-kg-Kastenform

FÜR DEN VORTEIG
0,5 g Frischhefe
100 g lauwarmes Wasser
100 g Weizenmehl Type 550

FÜR DEN HAUPTTEIG
4 g Frischhefe
225 g Wasser
gereifter Vorteig
400 g Weizenmehl Type 550
10 g Salz

AUSSERDEM
etwas Öl für die Teigwanne
etwas Mehl zum Arbeiten
70 g Wasser zum Schwaden

1 Für den Vorteig die Hefe im Wasser auflösen, das Mehl gut unterrühren und abgedeckt 12 Stunden bei Raumtemperatur reifen lassen.

2 Nach der Reifezeit für den Hauptteig die Hefe im Wasser auflösen und die restlichen Zutaten mit einem Silikonschaber, einem Rührlöffel oder der bloßen Hand 1–2 Minuten gut untermischen, bis eine zähe, gleichmäßige Teigkugel entstanden ist. Den Teig in eine eingeölte Teigwanne geben und abgedeckt 45 Minuten gehen lassen.

3 Anschließend einmal auf der bemehlten Arbeitsfläche dehnen und falten. Hierzu den Teig mit beiden Händen auseinanderziehen und anschließend zusammenklappen. Diesen Vorgang zwei- bis dreimal von allen Seiten wiederholen. Den Teig anschließend weitere 45 Minuten reifen lassen und dann nochmals dehnen und falten. Nun für weitere 45 Minuten aufgehen lassen, bis sich das Teigvolumen verdoppelt oder verdreifacht hat und Luftblasen ausgebildet sind.

4 Den aufgegangenen Teig auf der bemehlten Arbeitsfläche mit der Hand etwas flach drücken, leicht rund wirken und 10 Minuten ruhen lassen. Dann lang wirken, den Schluss gut zudrücken und abgedeckt mit dem Schluss nach oben auf einem bemehlten Leinentuch oder im Gärkörbchen 50 Minuten reifen lassen.

5 Während der Teig reift, den Backofen mit einem Backstein im unteren Bereich 30–40 Minuten auf 240 °C (Ober-/Unterhitze) vorheizen.

6 Das Brot auf den Einschießer wenden, mit Wasser besprühen, länglich einschneiden und auf den Backstein schieben. Mit 70 g Wasser schwaden, die Ofentür sofort schließen. Nach etwa 5–6 Minuten die Temperatur auf 210 °C reduzieren und das Brot insgesamt 50–60 Minuten backen.

Die richtige Technik für das notwendige »Dehnen und Falten« können Sie sich in einem Video ansehen: https://youtu.be/Ot9YD1GLYzo

HALTERANER GRAUBROT

Dieses Rezept habe ich für die Lokalzeitung meiner Heimatstadt entwickelt, in der es vor einigen Jahren veröffentlicht wurde. Ein einfaches Graubrotrezept mit dem Sie gelingsicher ein schmackhaftes Alltagsbrot backen können. Gleichzeitig können Sie auch die Teigformung üben, ohne dass es gleich auf Perfektion ankommt. Das Brot wird nämlich in der Kastenform gebacken. Durch das verwendete dunkle Weizenmehl und das Roggenmehl ergibt sich geschmacklich ein etwas würzigeres Brot als beim Beginner-Weißbrot.

Arbeitszeit: 45 Minuten | Reifezeit: 14 ¾ Stunden | Backzeit: 50 Minuten
Gesamtzeit: 16 ¼ Stunden

Für eine 1-kg-Kastenform

FÜR DEN VORTEIG
0,1 g Frischhefe
100 g lauwarmes Wasser
100 g Weizenmehl Type 1050

FÜR DEN HAUPTTEIG
gereifter Vorteig
210 g Wasser
310 g Weizenmehl Type 1050
75 g Roggenmehl Type 1150
5 g Frischhefe
10 g Salz

AUSSERDEM
etwas Öl für die Teigwanne
etwas Mehl zum Arbeiten
etwas Fett für die Form
50 g Wasser zum Schwaden

1 Für den Vorteig die Hefe im Wasser auflösen, das Mehl gut unterrühren und abgedeckt 12 Stunden bei Raumtemperatur reifen lassen.

2 Nach der Reifezeit alle Zutaten für den Hauptteig in die Knetschüssel der Küchenmaschine geben. Anfangs 3 Minuten langsam, dann bei höherer Geschwindigkeit weitere 5–7 Minuten kneten, bis der Teig glatt aussieht und sich von der Schüsselwand löst. Den Teig abgedeckt 90 Minuten in einer eingeölten Teigwanne ruhen lassen. Das Teigvolumen sollte sich in dieser Zeit sichtbar vergrößern.

3 Den aufgegangenen Teig mit der bemehlten Handfläche auf der bemehlten Arbeitsfläche flach drücken.

4 Eine Kastenform einfetten und den Teigfladen zu einem Zylinder einrollen. Hierzu die beiden Seiten nach innen klappen, von oben den Teigling mit beiden flachen Händen zu einer Rolle aufrollen und den Teigschluss zudrücken. Die Teigrolle sollte etwa so lang sein wie die Backform. Nun die Rolle mit dem Schluss nach unten in die Backform legen. Abdecken und 70 Minuten gehen lassen, bis sich das Teigvolumen fast verdoppelt hat. Die Oberfläche mit einem Sieb bemehlen.

5 Während der Teig geht, den Backofen mit einem Backstein im unteren Bereich 30–40 Minuten auf 240 °C (Ober-/Unterhitze) vorheizen.

6 Die Kastenform ohne Einschneiden des Teiglings auf den Backstein stellen. Mit 50 g Wasser schwaden und die Ofentür sofort schließen. Die Temperatur auf 210 °C reduzieren und das Brot insgesamt 50 Minuten zu Ende backen.

7 Aus der Form stürzen und gut abkühlen lassen.

EMKUMER KASTEN

Dieses Rezept arbeitet mit zwei verschiedenen festen Vorteigen, die dem Brot einen besonderen nussigen Geschmack verleihen. Außerdem werden Weizen- und Dinkelmehl zu einem absolut beginnertauglichen Alltagsbrot kombiniert. Die Reifezeit des Hauptteiges kann vergleichsweise kurzgehalten werden, da sich einiges der gesamten Mehlmenge in den Vorteigen befindet und dort bereits viele gesundheitsfördernde Fermentationsprozesse abgelaufen sind.

Arbeitszeit: 45 Minuten | Reifezeit: 14 Stunden | Backzeit: 50–60 Minuten
Gesamtzeit: 15 ¾ Stunden

Für eine 1-kg-Kastenform

FÜR DEN SAUERTEIG
110 g Dinkelmehl Type 1050
55 g lauwarmes Wasser
11 g Sauerteiganstellgut

FÜR DEN VORTEIG
0,2 g Frischhefe
35 g Wasser
75 g Weizenmehl Type 1050

FÜR DEN HAUPTTEIG
gereifter Dinkel-Sauerteig
gereifter Weizen-Vorteig
245 g Wasser
150 g Dinkelmehl Type 1050
185 g Weizenmehl Type 1050
11 g Salz
5 g Frischhefe

AUSSERDEM
etwas Mehl zum Arbeiten
etwas Fett für die Form
50 g Wasser zum Schwaden

1 Die Zutaten für den Sauerteig etwas vermischen und auf der Arbeitsfläche 2–3 Minuten von Hand zu einer homogenen Teigkugel kneten. Diese 12 Stunden in einem abgedeckten Gefäß bei Raumtemperatur aufgehen lassen.

2 Gleichzeitig für den Vorteig die Hefe im Wasser auflösen und das Mehl untermischen. Den Teig auf der bemehlten Arbeitsfläche 2–3 Minuten von Hand zu einer homogenen Teigkugel kneten. 12 Stunden abgedeckt bei Raumtemperatur aufgehen lassen.

3 Nach der Reifezeit alle Zutaten für den Hauptteig in die Knetschüssel der Küchenmaschine geben. Anfangs 3 Minuten langsam, dann 4–5 Minuten auf zweiter Stufe zu einem glatten Teig kneten. Diesen abgedeckt 60 Minuten ruhen lassen.

4 Nach der Teigruhe den Teig auf der bemehlten Arbeitsfläche zunächst rund vorformen und kurz entspannen lassen. Dann lang wirken, mit etwas Mehl bestauben und mit dem Schluss nach unten in eine gefettete Kastenform legen. Den Teigling abgedeckt 60 Minuten reifen lassen, er sollte am Ende etwa den Rand der Form erreicht haben.

5 Während der Teig reift, den Backofen mit einem Backstein im unteren Bereich 30–40 Minuten auf 240 °C (Ober-/Unterhitze) vorheizen.

6 Den Teig in der Form einschneiden und sofort auf den Backstein schieben. Kurz warten, bis sich die Teighaut etwas verfestigt hat, und dann mit 50 g Wasser schwaden. Die Temperatur auf 210 °C reduzieren und das Brot insgesamt 50–60 Minuten abbacken.

Dieses Brot eignet sich als Grundrezept für verschiedenste Abwandlungen. Versuchen Sie zum Beispiel einmal, 40 g Leinsaat und 50 g Sonnenblumenkerne gemischt in der Pfanne etwas anzurösten und abgekühlt gegen Ende des Knetens zum Teig zu geben. Das Brot wird dadurch weiter verfeinert.

TOASTBROT

Mit diesem Rezept können Sie ein Toastbrot zu Hause selbst backen, das optisch einem gekauften Toastbrot sehr nahe kommt. Geschmacklich schlägt es jedoch jedes gekaufte Toastbrot um Längen. Wenn Sie ein richtig eckiges Toastbrot backen wollen, benötigen Sie eine Backform mit Deckel oder eine Toastbrotform. Diese können Sie bei verschiedenen Versandhändlern bestellen. Sie können das Brot aber auch einfach in der normalen Form ohne Deckel backen. Dann wird es oben rundlich. Der Vorteig (das sogenannte Salz-Hefe-Verfahren) dient hier dazu, die Hefeaktivität zu hemmen. Der Teig geht langsamer und die Brotkrume wird schön wattig. Sie können es immer dann anwenden, wenn Sie die typische Toastbrotkrume erreichen wollen.

Arbeitszeit: 30 Minuten | Reifezeit: 4–5 ½ Stunden (bzw. bis zu 15 ½ Stunden) | Backzeit: 40 Minuten
Gesamtzeit: 5 ¼–6 ¾ Stunden (bzw. bis zu 16 ¾ Stunden)

Für eine 1,5-kg-Kastenform mit Deckel

FÜR DIE SALZ-HEFE-MISCHUNG
11 g Frischhefe
65 g Wasser
9 g Salz

FÜR DEN HAUPTTEIG
vorbereitete Salz-Hefe-Mischung
320 g Vollmilch (3,5 % Fettgehalt)
650 g Weizenmehl Type 550
40 g Butter
10 g Zucker

AUSSERDEM
etwas Mehl zum Arbeiten
etwas Fett für die Form

1 Für die Salz-Hefe-Mischung Frischhefe, Wasser und Salz in einer Schüssel gut verrühren und abgedeckt 60–120 Minuten stehen lassen. Im Kühlschrank kann die Mischung bis zu 12 Stunden ruhen.

2 Nach der Reifezeit alle Zutaten für den Hauptteig in die Knetschüssel der Küchenmaschine geben. In 7–9 Minuten zu einem glatten und elastischen Teig kneten. Diesen abgedeckt 90 Minuten reifen lassen.

3 Den gereiften Hauptteig auf der bemehlten Arbeitsfläche flach drücken, gegebenenfalls etwas rechteckig ziehen und zu einem straffen Zylinder einrollen. Den »Schluss«, also die Teigkante, gut andrücken. Mit der Teigkarte in vier gleich breite Stücke teilen, diese mit den Schnittkanten nach außen und dem Schluss nach unten nebeneinander in eine gefettete Kastenform mit Deckel legen. Den Teig abgedeckt 90–120 Minuten gehen lassen, bis er den Rand der Form gerade erreicht.

4 Während der Teig geht, den Backofen mit einem Backstein im unteren Bereich 30–40 Minuten auf 210 °C (Ober-/Unterhitze) vorheizen.

5 Die Form mit geschlossenem Deckel auf den Backstein stellen. Ohne Schwaden die Temperatur auf 200 °C reduzieren und das Brot etwa 40 Minuten zu Ende backen. Das Brot soll nicht zu sehr bräunen, damit es innen schön saftig bleibt.

6 Nach dem Backen sofort aus der Form stürzen und auf einem Rost erkalten lassen.

Wenn Sie ohne Deckel backen, muss der Backofen mit 50 g Wasser geschwadet werden.

DINKEL-TOASTBROT

Dieses Toastbrot wird aus reinem Dinkelmehl hergestellt und hat daher einen nussigeren Geschmack als ein Weizenmehlbrot. Dinkelteige müssen vorsichtiger geknetet werden, weil das Klebergerüst empfindlicher ist als bei Weizenmehl. Eine weitere Besonderheit bei Dinkelbrot ist, dass es sich im Mund oft trockener anfühlt als Weizenbrot. Dem können Sie durch Zugabe eines sogenannten Mehl-Kochstücks entgegenwirken. Hierbei erhitzen Sie einen kleinen Teil des Dinkelmehls mit der fünffachen Menge Flüssigkeit und rühren so lange, bis eine cremige Masse entstanden ist. Wenn Sie diese Masse in den Teig mit einkneten, wird die Krume des Brots später deutlich saftiger.

Arbeitszeit: 45 Minuten | Reifezeit: 14 Stunden | Backzeit: 40–45 Minuten
Gesamtzeit: 15 ½ Stunden

Für eine 1,5-kg-Kastenform mit Deckel

FÜR DEN VORTEIG
1 g Frischhefe
110 g lauwarmes Wasser
110 g Dinkelmehl Type 1050

FÜR DAS DINKEL-KOCHSTÜCK
25 g Dinkelmehl Type 630
125 g Vollmilch (3,5 % Fettgehalt)

FÜR DEN HAUPTTEIG
gereifter Vorteig
vorbereitetes Dinkel-Kochstück
420 g Dinkelmehl Type 630
135 g Wasser
35 g Butter
11 g Zucker
11 g Frischhefe
10 g Salz

AUSSERDEM
etwas Mehl zum Arbeiten
etwas Butter für die Form

1 Für den Vorteig die Hefe im Wasser auflösen, das Mehl gut unterrühren und abgedeckt 2 Stunden bei Raumtemperatur reifen lassen. Dann für 10 Stunden bei 5 °C in den Kühlschrank stellen.

2 Für das Dinkel-Kochstück die Zutaten in einem Topf unter beständigem Rühren langsam erhitzen, bis die Masse gut eingedickt und cremig wie ein Pudding ist. Abkühlen lassen.

3 Nach der Reifezeit alle Zutaten für den Hauptteig in die Knetschüssel der Küchenmaschine geben. 1–2 Minuten kneten, anschließend 20 Minuten ruhen lassen. Während der Ruhezeit quillt der Teig bereits etwas, und das Klebergerüst beginnt sich auszubilden. Anschließend weitere 4 Minuten langsam, dann 2 Minuten schnell kneten, bis der Teig schön glatt und elastisch ist. Den Teig weitere 45 Minuten abgedeckt ruhen lassen.

4 Nach der Teigruhe den Teigling auf der bemehlten Arbeitsfläche etwas flach drücken, zu einem Zylinder wirken und in vier gleich große Stücke teilen. Diese mit den Schnittkanten nach außen und dem Schluss nach unten nebeneinander in eine gebutterte Kastenform legen. Den Deckel auflegen und etwa 60 Minuten gehen lassen, bis der Teig ungefähr 1 cm unter dem Rand der Form steht.

5 Während der Teig geht, den Backofen mit einem Backstein im unteren Bereich 30–40 Minuten auf 210 °C (Ober-/Unterhitze) vorheizen.

6 Die Form auf den Backstein stellen und ohne Schwaden backen. In den ersten 10–15 Minuten zwei- bis dreimal den Deckel herunterdrücken, sollte er durch den Teig hochgedrückt werden. Nur insgesamt 40–45 Minuten backen, damit sich nur eine sehr dünne Kruste bildet.

7 Nach dem Backen sofort aus der Form kippen und auskühlen lassen.

Statt in einer Form mit Deckel kann das Toastbrot auch ohne Deckel gebacken werden, dann muss jedoch mit 50 g Wasser geschwadet werden.

HOLLÄNDISCHES WEISSBROT

Holländische Weißbrote gehörten zu den Lieblingsbroten meiner Kindheit. Kein Wunder: Fast alle Kinder lieben das weiche, fluffige Brot mit dem in den Niederlanden üblichen süßen »Hagelslag«, das es dort sogar zum Mittagessen gibt. Nach einem Backkurs in Nord-Holland habe ich das folgende Rezept entwickelt. Es ergibt ein leckeres niederländisches Weißbrot mit seiner typischen Pilz-Form. Als spezielle Zutat kommt in diesem Rezept enzymaktives Backmalz vor. Dieses Malz erhalten Sie beispielsweise in Mühlenläden oder im Internet. Es erhöht den Stärkeabbau im Teig und sorgt für eine besonders weiche Brotkrume. Es muss vorsichtig dosiert werden, da sonst der Stärkeabbau so stark ist, dass die Brotkrume klebrig und klitschig wird. Wenn Sie es nicht extra anschaffen wollen, lassen Sie es einfach weg.

Arbeitszeit: 45 Minuten | Reifezeit: 14 ½ Stunden | Backzeit: 40–45 Minuten
Gesamtzeit: 16 Stunden

Für eine 1-kg-Kastenform

FÜR DEN VORTEIG

0,1 g Frischhefe
160 g lauwarmes Wasser
160 g Weizenmehl Type 550

FÜR DEN HAUPTTEIG

gereifter Vorteig
170 g Vollmilch (3,5 % Fettgehalt)
315 g Weizenmehl Type 550
3 g enzymaktives Backmalz (optional)
11 g Zucker
20 g Butter
10 g Frischhefe
11 g Salz

AUSSERDEM

etwas Mehl zum Arbeiten
etwas Fett für die Form
70 g Wasser zum Schwaden

1 Für den Vorteig die Hefe im Wasser auflösen, das Mehl gut unterrühren und abgedeckt 12 Stunden bei Raumtemperatur reifen lassen.

2 Nach der Reifezeit alle Zutaten für den Hauptteig in die Knetschüssel der Küchenmaschine geben. Anfangs 4 Minuten langsam, dann 6–7 Minuten schnell kneten, bis ein glatter Teig entstanden ist, der sich vom Schüsselrand löst. Diesen etwa 60 Minuten abgedeckt ruhen lassen. Das Teigvolumen sollte sich in dieser Zeit deutlich vergrößern.

3 Nach der Teigruhe den Teig auf der bemehlten Arbeitsfläche gut flach drücken und leicht rund vorformen. Dann abgedeckt 15 Minuten ruhen lassen. Den Teigling anschließend straff und möglichst gleichmäßig zu einem Zylinder lang wirken, ähnlich wie beim Toastbrot (siehe Seite 62). Mit dem Schluss nach unten in eine gut eingefettete Kastenform legen und abgedeckt 70–80 Minuten reifen lassen. In dieser Zeit klettert der Teig etwas über die Form hinaus und bildet schon ein wenig die gewünschte Pilzform.

4 Während der Teig reift, den Backofen mit einem Backstein im unteren Bereich 30–40 Minuten auf 230 °C (Ober-/Unterhitze) vorheizen.

5 Für einen schönen Glanz kann die Oberfläche des Brotteiges nun mit etwas Wasser besprüht werden. Die Form anschließend ohne Einschneiden des Teigs auf den Backstein geben. Mit 70 g Wasser schwaden und die Ofentür sofort schließen. Die Temperatur auf 210 °C reduzieren und maximal 40–45 Minuten backen, damit das Brot innen schön saftig bleibt und keine zu dicke Kruste bekommt. Nach dem Backen das Brot nochmals mit Wasser besprühen.

HOLLÄNDISCHES »BRUIN-BROOD«

Das dunkle holländische Sandwichbrot hat seine Farbe nicht etwa von Vollkornmehl, wie man glauben könnte. Zur Herstellung wird normales Weißmehl verwendet. Dem Teig werden Kleie und Färbemalz beigegeben, wodurch er einen bräunlichen Farbton bekommt. Gerstenfärbemalz müssen Sie sich wahrscheinlich in einer Mühle kaufen oder bestellen. Sollten Sie es nicht bekommen, lassen Sie es einfach weg. Holländisches Brot hat zu Unrecht den Ruf, nicht gesund zu sein. Der Kleiezusatz erhöht neben dem Vitamin- und Mineralstoffgehalt auch den Ballaststoffgehalt und hilft deshalb bei Verdauungsproblemen. Solch ein Brot mundet auch Kindern, die sonst am liebsten Weißbrot essen.

Arbeitszeit: 45 Minuten | Reifezeit: 14 ½ Stunden | Backzeit: 45 Minuten
Gesamtzeit: 16 Stunden

Für eine 1-kg-Kastenform

FÜR DEN VORTEIG
0,2 g Frischhefe
160 g lauwarmes Wasser
160 g Weizenmehl Type 550

FÜR DEN HAUPTTEIG
gereifter Vorteig
205 g Vollmilch (3,5 % Fettgehalt)
320 g Weizenmehl Type 550
40 g Weizenkleie
15 g Gerstenfärbemalz
10 g Zucker
15 g Butter
10 g Frischhefe
10 g Salz

AUSSERDEM
etwas Mehl zum Arbeiten
etwas Fett für die Form
50 g Wasser zum Schwaden

1 Für den Vorteig die Hefe im Wasser auflösen, das Mehl gut unterrühren und abgedeckt 12 Stunden bei Raumtemperatur reifen lassen.

2 Nach der Reifezeit alle Zutaten für den Hauptteig in die Knetschüssel der Küchenmaschine geben. Anfangs 4 Minuten langsam, dann 5 Minuten schnell kneten, bis ein glatter Teig entstanden ist, der sich vom Schüsselrand löst. Diesen 60–70 Minuten abgedeckt ruhen lassen. Das Teigvolumen sollte sich in dieser Zeit deutlich vergrößern.

3 Nach der Teigruhe den Teig auf der bemehlten Arbeitsfläche flach drücken und zu einem Zylinder vorformen. Diesen etwa 15 Minuten entspannen lassen. Den Teigling dann straff und möglichst gleichmäßig zu einem Zylinder langwirken und mit dem Schluss nach unten in eine gut eingefettete Kastenform legen. Abgedeckt 70–80 Minuten reifen lassen. In dieser Zeit klettert der Teig über die Form hinaus und bildet schon die gewünschte Pilzform.

4 Während der Teig reift, den Backofen mit einem Backstein im unteren Bereich 30–40 Minuten auf 220 °C (Ober-/Unterhitze) vorheizen.

5 Für einen schönen Glanz kann die Oberfläche des Brotteiges nun mit etwas Wasser besprüht werden. Die Form anschließend ohne Einschneiden des Teigs auf den Backstein stellen. Mit 50 g Wasser schwaden und die Temperatur auf 200 °C reduzieren. Nur maximal 45 Minuten backen, damit das Brot innen schön saftig bleibt und keine zu dicke Kruste bekommt. Nach dem Backen das Brot nochmals mit Wasser besprühen.

Geben Sie doch einmal zusätzlich 90 g abgekühlte, geröstete Sonnenblumenkerne am Ende des Knetens zum Teig. Dadurch schmeckt das Brot noch aromatischer.

SCHÜLERBROT

Nach einer Reihe Weißbroten können Sie sich nun an das Backen mit Vollkornmehl herantasten. Bei diesem Rezept war es Ziel, ein einfaches und dennoch lockeres Brot mit Vollkornanteil zu backen, wie es meine Kinder lieben. Es eignet sich genauso gut als Pausenbrot wie die helleren Toastbrote. Daher hat es seinen Namen.

Arbeitszeit: 50 Minuten | Reifezeit: 14 ½–14 ¾ Stunden | Backzeit: 50–55 Minuten
Gesamtzeit: 16–16 ½ Stunden

Für eine 1,5-kg-Kastenform

FÜR DEN VORTEIG
0,2 g Frischhefe
160 g lauwarmes Wasser
160 g Weizenvollkornmehl

FÜR DEN SAUERTEIG
65 g Roggenvollkornmehl
65 g lauwarmes Wasser
6 g Sauerteiganstellgut

FÜR DEN HAUPTTEIG
gereifter Vorteig
gereifter Sauerteig
525 g Weizenmehl Type 1050
315 g Wasser
16 g Salz
7 g Frischhefe
10 g Butter
3 g enzymaktives Backmalz (optional)

AUSSERDEM
etwas Mehl zum Arbeiten
etwas Fett für die Form
70 g Wasser zum Schwaden

1 Für den Vorteig die Hefe im Wasser auflösen, das Mehl gut unterrühren und abgedeckt 12 Stunden bei Raumtemperatur reifen lassen. Außerdem alle Zutaten für den Sauerteig gut verrühren und ebenfalls 12 Stunden abgedeckt bei Raumtemperatur reifen lassen.

2 Nach der Reifezeit alle Zutaten für den Hauptteig in die Knetschüssel der Küchenmaschine geben. Anfangs 4 Minuten langsam, dann mit etwas höherer Geschwindigkeit 6–8 Minuten kneten. Den Teig abgedeckt 60–75 Minuten ruhen lassen. Nach 30 Minuten einmal dehnen und falten.

3 Anschließend den Teig auf der bemehlten Arbeitsfläche gut flach drücken und zunächst leicht rund vorformen. 15 Minuten ruhen lassen und dann lang wirken. Mit dem Schluss nach unten in eine gefettete Kastenform legen. Den Teig mindestens 70–75 Minuten bei Raumtemperatur gehen lassen. Anschließend sollte der Teig den Rand der Form etwas überschritten haben.

4 Während der Teig geht, den Backofen mit einem Backstein im unteren Bereich für 30–40 Minuten auf 240 °C (Ober-/Unterhitze) aufheizen.

5 Den Teig einmal längs nicht zu tief einschneiden. Die Form auf den Backstein stellen, mit 70 g Wasser schwaden und sofort die Ofentür schließen. Die Backtemperatur auf 210 °C reduzieren und das Brot für insgesamt 50–55 Minuten abbacken.

In diesem Rezept kommt eines der ersten Male Sauerteig vor. Sollten Sie noch keinen eigenen haben, dann ersetzen Sie den Sauerteiganteil einfach durch einen in Bioläden verfügbaren Fertigsauerteig. Wenn Sie das Malz nicht haben, lassen Sie es einfach weg.

PIDE – *Orientalisches Fladenbrot*

Fladenbrote gibt es inzwischen nicht nur im Orientladen oder -Supermarkt zu kaufen, sondern auch in vielen anderen Läden und Bäckereien. Sie eignen sich hervorragend als Brotbeilage zum Barbecue, werden zu Vorspeisentellern gereicht oder einfach so mit leckeren Dips genossen. Durch eine lange, kalte Teigreifung entwickeln sich intensive fruchtige Aromen, die Sie so von gekauftem Fladenbrot aus der Fabrik nicht kennen. Um möglichst viel Flüssigkeit in den Teig zu bekommen, wird eine interessante Knettechnik angewandt. Der Teig wird hierbei mit einem geringeren Flüssigkeitsgehalt geknetet, bis er fast fertig ist. Dann wird noch portionsweise zusätzliches Wasser untergeknetet, welches problemlos vom Teig noch aufgenommen wird. Das macht die Brote später besonders saftig.

Arbeitszeit: 60 Minuten | Reifezeit: 25–37 Stunden | Backzeit: 15–20 Minuten pro Stück
Gesamtzeit: 26 ½–39 Stunden

Für 2 große oder 3 kleine Fladenbrote

FÜR DEN VORTEIG
0,2 g Frischhefe
200 g lauwarmes Wasser
200 g Weizenmehl Type 550

FÜR DEN HAUPTTEIG
gereifter Vorteig
380 g Wasser (320 g plus 60 g)
600 g Weizenmehl Type 550
16 g Salz
6 g Frischhefe

AUSSERDEM
etwas Öl für die Schüssel
Mehl zum Arbeiten
Sesam und Schwarzkümmel zum Bestreuen
70 g Wasser zum Schwaden

1 Für den Vorteig Hefe im Wasser auflösen, Mehl unterrühren und abgedeckt 12 Stunden bei Raumtemperatur reifen lassen.

2 Nach der Reifezeit für den Hauptteig den gereiften Vorteig, 320 g Wasser und das Mehl in der Küchenmaschine 2 Minuten langsam verkneten. Abgedeckt 20 Minuten ruhen lassen.

3 Das Salz und die Hefe zugeben und anfangs 3 Minuten langsam, dann 4 Minuten schnell kneten. Anschließend das übrige Wasser (60 g) portionsweise jeweils vollständig einkneten. So lange weiterkneten, bis sich der Teig von der Schüsselwand löst. Den Teig in eine eingeölte Schüssel geben und abgedeckt 30 Minuten gehen lassen. Einmal dehnen und falten und gut abgedeckt 12–24 Stunden bei 5 °C im Kühlschrank reifen lassen. Der Teig geht in dieser Zeit sehr gut auf, daher eine ausreichend große Schüssel wählen.

4 Den Backofen mit einem Backstein im unteren Bereich rechtzeitig vor Ende der Reifezeit 30–40 Minuten auf 250 °C (Ober-/Unterhitze) vorheizen.

5 Den gereiften Teig auf die gut bemehlte Arbeitsfläche geben und vorsichtig größere Gärblasen aus dem Teig drücken. Den Teig in zwei bis drei gleich schwere Stücke teilen und diese grob rund wirken. Die Teiglinge abgedeckt 15 Minuten ruhen lassen.

6 Nach der Teigruhe den ersten Teigling mit beiden Händen am Rand fassen und von allen Seiten auseinanderziehen. Er sollte gleichmäßig dick bleiben. Hat er die gewünschte Größe, den Teigling auf einen Einschießer legen. Mit den Fingerspitzen beider Hände gleichmäßig tiefe Mulden in die Oberfläche drücken. Den Teigling gut mit Wasser besprühen und mit Sesam und Schwarzkümmel bestreuen. Dann mit dem Backpapier auf den heißen Backstein befördern. Mit 70 g Wasser schwaden und die Ofentür sofort schließen. Den Fladen in 15–20 Minuten ausbacken.

7 Mit dem bzw. den weiteren Teiglingen ebenso verfahren.

Statt den Teig auseinanderzuziehen, kann er auch gut bemehlt und ausgerollt werden, dabei gehen jedoch viele Gärblasen verloren und die Brote werden feinporiger. Eine weitere Möglichkeit ist, den Teig wie ein Pizzabäcker zwischen den gespreizten Händen hin und her zu wenden, bis er die gewünschte Größe hat.

NOON TAFTOON – *dünnes Fladenbrot*

Wraps werden in den letzten Jahren immer beliebter. Das hierfür erforderliche sehr dünne Fladenbrot, das die Perser auch Noon Taftoon nennen, gibt es meist nur im Orientladen zu kaufen. Es ist also praktisch, sie selbst herstellen zu können. Der Clou dabei ist, dass nicht einmal ein Backofen für das Backen benötigt wird. Diese Fladen lassen sich problemlos in einer 28-cm-Pfanne auf dem Herd backen. Für einen besonders leckeren Geschmack und eine gute Bekömmlichkeit sollten Sie den Teig für mindestens 12 Stunden kalt reifen lassen. Wenn es einmal schneller gehen muss, dann ist es auch möglich, nach 90 Minuten Reifung bei Raumtemperatur mit der Teigformung und dem Backen zu beginnen.

Arbeitszeit: 45 Minuten | Reifezeit: 13 ½ Stunden (bzw. 1 ½ Stunden) | Backzeit: 1–2 Minuten von jeder Seite
Gesamtzeit: 15 Stunden (bzw. 3 Stunden)

Für 10–11 flache Fladen

500 g Weizenmehl Type 550 plus etwas mehr zum Arbeiten und zum Bestauben
260 g Vollmilch (3,5 % Fettgehalt)
25 g Olivenöl
60 g Joghurt (3,5 % Fettgehalt)
5 g Frischhefe
11 g Salz
10 g Zucker

1 Alle Zutaten in die Knetschüssel der Küchenmaschine geben. Anfangs 4 Minuten langsam, dann 6–8 Minuten bei zweiter Knetstufe zu einem glatten Teig kneten. Diesen abgedeckt 90 Minuten ruhen lassen, bis sich das Teigvolumen mindestens verdoppelt hat.

2 Den Teig einmal flach drücken. Nun entweder die Schüssel gut abgedeckt für 12 Stunden bei 5 °C in den Kühlschrank stellen oder sofort weiterarbeiten.

3 Den Teig auf der bemehlten Arbeitsfläche in zehn bis elf Teile à 75–80 g teilen. Diese rund wirken und die Teiglinge dann abgedeckt für die Zug um Zug erfolgende weitere Bearbeitung ruhen lassen.

4 Eine flache Pfanne (28 cm) ohne Öl bei mittlerer bis hoher Temperatur erhitzen. Den ersten Teigling zuerst gut bemehlen und dann mit einem Rollholz zu einem 1 mm dünnen runden Teigfladen ausrollen. Besonders einfach gelingt dies, wenn der Teigling zwischendurch immer wieder leicht mit Mehl bestaubt und gedreht wird.

5 Den flachen Fladen in die Pfanne legen und von beiden Seiten bei mittlerer bis hoher Temperatur jeweils 1–2 Minuten rösten. Wenn sich Blasen bilden, diese z. B. mit einem Pfannenwender etwas flach drücken. Die Fladen dürfen nicht zu viel Farbe bekommen, sonst werden sie zu trocken.

6 Nach und nach alle Teiglinge ausrollen und backen. Angebrannte Mehlreste mit einem Küchenpapier zwischendurch vorsichtig aus der Pfanne wischen.

Die Fladenbrote schmecken zwar frisch am allerbesten, wenn sie aber rasch in eine Kunststofftüte gelegt werden, bleiben sie schön weich und elastisch. Sie können dann noch 2–3 Tage später genossen werden.

INDISCHES NAAN

»Naan« ist ein sehr dünnes, flaches Fladenbrot, das bestechend einfach in der Herstellung ist. Sie benötigen noch nicht einmal einen Backofen, sondern können diese Fladen einfach in einer Pfanne ausbacken. Mein Rezept ist im Grunde ein Basisrezept, das sich aber mannigfaltig variieren lässt. Das Brot kann vielfältig verwendet werden. Es passt hervorragend zu Dips und Aufstrichen, kann aber auch beim Grillen serviert werden.

Arbeitszeit: 60 Minuten | Reifezeit: 1 ¼ Stunden (bzw. 12 ¼–16 ¼ Stunden)
Backzeit: etwa 2 Minuten pro Seite | Gesamtzeit: 3 Stunden (bzw. 14–18 Stunden)

Für 10 Fladenbrote

330 g Weizenmehl Type 1050 plus etwas mehr zum Arbeiten und zum Bestauben
130 g Weizenvollkornmehl
260 g zimmerwarme Vollmilch (3,5 % Fettgehalt)
20 g neutrales Pflanzenöl
75 g Joghurt (Fettgehalt 3,5 %)
10 g Salz
10 g Zucker
5 g Frischhefe

1 Alle Zutaten in die Knetschüssel der Küchenmaschine geben. Anfangs 4 Minuten langsam, dann 8 Minuten auf zweiter Stufe zu einem glatten Teig kneten. Diesen gut abgedeckt mindestens 60 Minuten ruhen lassen. Einen noch besseren Geschmack bekommt der Teig, wenn er nach dem Kneten abgedeckt 12–16 Stunden bei 5 °C im Kühlschrank reifen kann.

2 Nach der Reifezeit den Teig auf der bemehlten Arbeitsfläche in zehn Teile à 85 g teilen und diese rund wirken. Die Teiglinge abgedeckt 15–20 Minuten ruhen lassen.

3 Eine große flache Pfanne ohne Öl bei mittlerer bis hoher Temperatur erhitzen. Einen Teigling gut bemehlen und mit dem Rollholz zügig zu einem 1 mm dünnen runden Teigfladen ausrollen. Besonders gut gelingt dies, wenn der Teigling zwischendurch immer wieder leicht mit Mehl bestaubt und gedreht wird.

4 Den flachen Fladen in die Pfanne legen und von beiden Seiten bei mittlerer bis hoher Temperatur jeweils etwa 2 Minuten backen. Wenn sich Blasen bilden, diese z. B. mit einem Pfannenwender etwas flach drücken. Die Fladen dürfen nicht zu viel Farbe bekommen, nur dort, wo sich Blasen gebildet haben.

5 Nach und nach alle Teiglinge ausrollen und backen. Angebrannte Mehlreste mit einem Küchenpapier zwischendurch vorsichtig aus der Pfanne wischen.

6 Die abgekühlten Fladen am besten in einem großen Gefrierbeutel lagern. Sie lassen sich auch gut einfrieren und so bevorraten.

Naan wird in Indien oft mit Gewürzen im Teig hergestellt. Typische Gewürze sind Koriandersamen, getrockneter Knoblauch und Schwarzkümmelsamen (»Nigella«). Hierdurch wird das Brot noch schmackhafter und exotischer.

SONNENBLUMENBROT

Sonnenblumenkerne sind eine delikate Zutat beim Brotbacken. Wenn sie vor dem Einkneten in den Teig in einer Pfanne leicht braun geröstet werden, verstärkt sich ihr nussiges Aroma um ein Vielfaches. Da sie sehr fettreich sind, müssen sie nicht unbedingt vorher mit Wasser verquollen werden. Hierdurch bekommt das Brot ein kernig-nussiges Aroma.

Arbeitszeit: 45 Minuten | Reifezeit: 15 Stunden | Backzeit: 55 Minuten
Gesamtzeit: 16 ¾ Stunden

Für ein 1-kg-Gärkörbchen

FÜR DEN VORTEIG
0,3 g Frischhefe
100 g Wasser
100 g Weizenmehl Type 1050

FÜR DEN HAUPTTEIG
100 g Sonnenblumenkerne
gereifter Vorteig
400 g Weizenmehl Type 1050
235 g Wasser
5 g Frischhefe
11 g Salz
20 g Butter
10 g Gerstenmalzpulver, inaktiv (optional)

AUSSERDEM
etwas Mehl zum Arbeiten
Sonnenblumenkerne zum Bestreuen
60 g Wasser zum Schwaden

1 Für den Vorteig die Hefe im Wasser auflösen, das Mehl gut unterrühren und abgedeckt 12 Stunden bei Raumtemperatur reifen lassen.

2 Für den Hauptteig die Sonnenblumenkerne in einer Pfanne ohne Fett bei mittlerer Temperatur leicht braun anrösten. Anschließend abkühlen lassen.

3 Nach der Reifezeit alle Zutaten für den Hauptteig außer den Sonnenblumenkernen in die Knetschüssel der Küchenmaschine geben. Anfangs 3 Minuten langsam, dann 4 Minuten auf zweiter Stufe kneten. Die Sonnenblumenkerne hinzugeben und 1 Minute auf langsamer Stufe unterkneten. Den Teig abgedeckt 2 Stunden reifen lassen. Nach 45 und nach 90 Minuten dehnen und falten.

4 Nach der Reifezeit auf der bemehlten Arbeitsfläche die Gärgase etwas aus dem Teig drücken und diesen grob rund vorformen. 15 Minuten ruhen lassen und dann straff länglich oder rund wirken.

5 Die Oberseite befeuchten und mit ungerösteten Sonnenblumenkernen bestreuen. Mit dem Schluss nach oben abgedeckt auf einem Bäckerleinen oder im Gärkörbchen 50 Minuten bei Raumtemperatur gehen lassen.

6 Während der Teig geht, den Backofen mit einem Backstein im unteren Bereich 30–40 Minuten auf 240 °C (Ober-/Unterhitze) vorheizen.

7 Den Teigling umdrehen, je nach Wunsch einschneiden und direkt auf den Backstein schieben. Mit 60 g Wasser schwaden und die Ofentür sofort schließen.

8 Nach 10 Minuten die Temperatur auf 210 °C reduzieren und weitere 45 Minuten backen. Dabei darauf achten, dass die Sonnenblumenkerne nicht zu dunkel werden.

Wenn kein Gerstenmalz vorrätig ist, können Sie es mit 10 g Zucker oder Honig ersetzen. Sie können es aber auch weglassen.

MEDITERRANES LANDBROT

Mediterrane Landbrote zeichnen sich durch eine kräftige, krachende Kruste und eine saftige weiche Krume, die oft größere Poren als ein klassisches deutsches Brot hat, aus. Das vorliegende Rezept vereint einen Roggensauerteig für die Würze, Hartweizenmehl für den mediterranen Geschmack und helles Brotmehl für die gute Wasserbindung. Da Roggensauerteig im Mittelmeerraum sehr unüblich ist, ist dieses Rezept eigentlich ein Mischbrot mit mediterranen Anklängen. Hartweizenmehl erhalten Sie oft in Mühlen, aber auch in besser sortierten Supermärkten. Sollten Sie nur Hartweizengrieß bekommen, dann können Sie auch diesen verwenden. Der Teig wird nach dem Ankneten 20 Minuten zum Quellen gestellt. Der Grieß quillt in dieser Zeit auf und wird weich genug zum Kneten.

Arbeitszeit: 45 Minuten | Reifezeit: 15 ¼ Stunden | Backzeit: 60–70 Minuten
Gesamtzeit: 17 Stunden

Für ein 1,5-kg-Gärkörbchen

FÜR DEN SAUERTEIG
80 g warmes Wasser
100 g Roggenvollkornmehl
10 g Sauerteiganstellgut

FÜR DEN HAUPTTEIG
gereifter Sauerteig
300 g Hartweizenmehl
350 g Weizenmehl Type 550
420 g Wasser
15 g Salz
7 g Frischhefe

AUSSERDEM
etwas Mehl zum Arbeiten
70 g Wasser zum Schwaden

1 Für den Sauerteig das Wasser mit dem Roggenvollkornmehl und dem Anstellgut gut verrühren und abgedeckt 12 Stunden bei Raumtemperatur reifen lassen.

2 Nach der Reifezeit alle Zutaten für den Hauptteig in die Knetschüssel der Küchenmaschine geben. 2 Minuten gut vermischen, abgedeckt 20 Minuten ruhen lassen und dann den Teig 5–6 Minuten auf zweiter Knetstufe gut auskneten. Diesen abgedeckt 2 Stunden bei Raumtemperatur reifen lassen. Während der Teigruhe ein- bis zweimal dehnen und falten. Das Teigvolumen sollte sich danach mindestens verdoppelt haben und der Teig von Gärblasen durchzogen sein.

3 Nach der Teigruhe den Teig auf der bemehlten Arbeitsfläche vorsichtig flach drücken, um die Gärblasen zu erhalten. Nach Belieben lang oder rund wirken, dabei nach Möglichkeit den Teig zwar schonend, aber dennoch straff bearbeiten. Abgedeckt mit dem Schluss nach oben in einem Gärkörbchen oder auf einem Bäckerleinen 60 Minuten bei Raumtemperatur reifen lassen.

4 Während der Teig reift, den Backofen mit einem Backstein im unteren Bereich 30–40 Minuten auf 250 °C (Ober-/Unterhitze) vorheizen.

5 Den Teigling auf den Einschießer wenden, einschneiden und auf den Backstein schieben. Mit 70 g Wasser schwaden und die Ofentür rasch schließen. Nach 10 Minuten die Temperatur auf 210 °C reduzieren und das Brot weitere 50–60 Minuten kräftig ausbacken. Je dunkler die Kruste, desto intensiver werden die Röstaromen und desto mediterraner der Geschmack.

Keine zu große Sorge vor dem weichen Teig! Wenn Sie lange genug kneten und die Zutaten möglichst kalt verwenden, dann werden Sie einen gut formbaren Teig erhalten. Wenn Sie keinen Sauerteig haben, können Sie fertigen Natursauerteig aus dem Bioladen verwenden. Dann sollten Sie aber etwas weniger Wasser (400 g) zum Hauptteig geben.

MEIN SOMMERBROT

Mein Sommerbrot ist ein besonders aromatisches Alltagsbrot. Hierbei hilft ein kleiner Trick, der auch in guten Bäckereien zur Anwendung kommt. Aus sogenanntem »Altbrot« wird durch Rösten, Mahlen und Mischen mit Wasser eine kleine Aromabombe hergestellt. Altbrot sind trockene Brotreste, die Sie vielleicht übrig haben. Sie werden überrascht sein, wie gut das schmeckt. Dieses Brot war in einer Umfrage das beliebteste Rezept meines Blogs.

Arbeitszeit: 60 Minuten | Reifezeit: 15 Stunden | Backzeit: 50–60 Minuten
Gesamtzeit: 17 Stunden

Für ein großes längliches Brot

FÜR DEN VORTEIG
0,3 g Frischhefe
200 g lauwarmes Wasser
200 g Weizenmehl Type 550

FÜR DAS ALTBROT-QUELLSTÜCK
55 g Brotreste
110 g Wasser

FÜR DEN HAUPTTEIG
gereifter Vorteig
vorbereitetes Altbrot-Quellstück
165 g Wasser
400 g Weizenmehl Type 550
20 g Sauerteig-anstellgut (optional)
13 g Salz
5 g Frischhefe

AUSSERDEM
etwas Mehl zum Arbeiten
60 g Wasser zum Schwaden

1 Für den Vorteig die Hefe im Wasser auflösen, das Mehl gut unterrühren und abgedeckt 12 Stunden bei Raumtemperatur reifen lassen.

2 Für das Quellstück den Backofen auf 160 °C (Heißluft/Umluft) vorheizen. Die Brotreste klein würfeln und ausgebreitet auf einem Backblech 20–30 Minuten im Ofen rösten. Die abgekühlten, gerösteten Brotwürfel in einem Standmixer zu feinem Pulver zermahlen. Das Pulver mit dem Wasser verrühren und 10–15 Minuten quellen lassen. Die Masse sollte fest, aber feucht sein.

3 Nach der Reifezeit des Vorteiges alle Zutaten für den Hauptteig außer dem Salz und der Hefe in der Küchenmaschine 2 Minuten verkneten und dann abgedeckt 20 Minuten quellen lassen.

4 Das Salz und die Hefe zufügen. Anfangs 3 Minuten langsam einkneten, dann 5 Minuten bei höherer Geschwindigkeit weiterkneten. Der entstehende mittelweiche Teig muss sich nicht vollständig von der Schüsselwand lösen. Abdecken und 2 ½ Stunden reifen lassen. In dieser Zeit zweimal dehnen und falten. Nach der Reifezeit sollte der Teig von Gärblasen durchzogen sein.

5 Den gereiften Teig auf einer gut bemehlten Arbeitsfläche kräftig mit Mehl bestauben und in eine rechteckige Form ziehen. Anschließend von den beiden kürzeren Seiten her einfalten. Dann alle vier Ecken in die Mitte falten, den Teigling wenden und noch etwas in Form schieben. Dann mit Schluss nach unten abgedeckt für 15–20 Minuten auf ein bemehltes Leinentuch legen.

6 Den Backofen mit einem Backstein im unteren Bereich rechtzeitig vor Ende der Reifezeiten 30–40 Minuten auf 250 °C (Ober-/Unterhitze) vorheizen.

7 Den Teigling auf den Einschießer wenden und sofort auf den Backstein schieben. Mit 60 g Wasser schwaden und die Backofentür sofort schließen. Die Temperatur auf 230 °C reduzieren und das Brot in 50–60 Minuten kräftig ausbacken.

Wenn Sie kein Altbrot vorrätig haben, können Sie auch Paniermehl im Ofen etwas braun rösten und im Rezept verwenden. Für das Wirken des Brots ist folgendes Video sicher hilfreich: https://youtu.be/qXBOmOun5fU

ARTISAN-BROT

Das Artisan-Brot dürfte allen Kreuzfahrern der »Mein Schiff«-Flotte gut bekannt sein. Mehrfach täglich wird dieses grundehrliche Weizenbrot an Bord frisch gebacken. Nach einer eigenen Kreuzfahrt habe ich mich von den im Internet frei kursierenden Rezepten inspirieren lassen und ein eigenes Rezept erstellt. Es kommt geschmacklich gut an das Original heran und dürfte auch Nicht-Kreuzfahrern sehr gut munden.

Arbeitszeit: 45 Minuten | Reifezeit 18–20 Stunden | Backzeit: 60–70 Minuten
Gesamtzeit: 20–22 Stunden

Für ein 1-kg-Gärkörbchen

FÜR DEN VORTEIG
385 g Wasser
370 g Weizenmehl Type 550
185 g Weizenvollkornmehl

FÜR DEN HAUPTTEIG
gereifter Vorteig
5 g Frischhefe
12 g Salz
45 g Wasser
15 g Olivenöl

AUSSERDEM
etwas Öl für die Teigwanne
etwas Mehl zum Arbeiten
60 g Wasser zum Schwaden

1 Die Zutaten für den Vorteig in der Küchenmaschine 2 Minuten gut verkneten. Den Teig abgedeckt 60 Minuten ruhen lassen.

2 Für den Hauptteig den Vorteig, die Hefe und das Salz für 4–5 Minuten auf zweiter Stufe verkneten. Der Teig sollte schön glatt werden. Dann zunächst das Wasser portionsweise zufügen, bis es vom Teig vollständig aufgenommen wurde. Wenn der Teig sich wieder komplett von der Schüsselwand löst, das Olivenöl zufügen und ebenfalls einkneten. Den Teig abgedeckt 2 Stunden bei Raumtemperatur in einer eingeölten Teigwanne ruhen lassen. Dabei nach 60 und nach 120 Minuten den Teig einmal dehnen und falten.

3 Die Teigwanne abgedeckt für 13–14 Stunden in den Kühlschrank bei 5 °C stellen. Der Teig sollte sich in dieser Zeit sichtbar vergrößern und beginnen, Blasen zu werfen.

4 Am Backtag die Teigwanne aus dem Kühlschrank nehmen und 90–120 Minuten auf Raumtemperatur akklimatisieren lassen.

5 Den Teig auf der bemehlten Arbeitsfläche kräftig mit Mehl bestauben, in die Hand nehmen und mit raschen Bewegungen rund formen. Besonders gut gelingt dies, wenn reichlich Mehl verwendet wird. Mit dem gut bemehlten Schluss nach unten in ein bemehltes Gärkörbchen legen und abgedeckt 45 Minuten ruhen lassen.

6 Während der Teig ruht, den Backofen mit einem Backstein im unteren Bereich 30–40 Minuten auf 250 °C (Ober-/Unterhitze) vorheizen.

7 Anschließend den Teigling mit dem Schluss nach oben auf den Einschießer kippen. Er sollte beginnen, leicht einzureißen. Das Brot auf den Backstein schieben. Mit 60 g Wasser schwaden und die Backofentür sofort schließen. Die Temperatur auf 210 °C reduzieren und das Brot 60–70 Minuten backen. Die gut gebräunte Kruste trägt einen großen Anteil am Geschmack des Endergebnisses.

Wenn Sie Sorge vor einem zu weichen Teig haben, lassen Sie die zusätzlichen 45 g Wasser einfach weg. Als alternative Backmethode kann ein gusseiserner Topf verwendet werden: Den Topf 30–40 Minuten bei 250 °C (Ober-/Unterhitze) vorheizen, den Teigling hineinlegen und den Topf gut verschließen. Hier muss nicht geschwadert werden. Vorsicht vor Verbrennungen.

PARTYBROT

Dieses leckere Brot backe ich, wenn wir Gäste erwarten oder bei einer Veranstaltung etwas zum Essen mitbringen sollen. Es handelt sich um eine abgewandelte Focaccia, die in Italien traditionell nur mit Olivenöl, Salz und Gewürzen bestreut wird. Basis ist ein lang, kalt gereifter Weizenteig mit hohem Wasseranteil, der neben seinem guten Geschmack auch besonders saftig wird. Er wird nach der Reifung nur leicht bearbeitet, um möglichst viele Gärblasen zu bewahren. So wird er auch noch besonders locker. Gebacken wird das Brot möglichst heiß und kurz.

Arbeitszeit: 45 Minuten | Reifezeit: 37 Stunden | Backzeit: 15–20 Minuten
Gesamtzeit: 38 Stunden

Für 1 großes oder 2 kleine Partybrote

FÜR DEN VORTEIG
0,2 g Frischhefe
125 g lauwarmes Wasser
125 g Weizenmehl Type 550

FÜR DEN HAUPTTEIG
gereifter Vorteig
375 g Weizenmehl Type 550
260 g Wasser (200 g plus 60 g)
10 g Salz
4 g Frischhefe

AUSSERDEM
etwas Öl für die Teigwanne
etwas Mehl zum Arbeiten
Olivenöl zum Beträufeln
Belag nach Wunsch (z.B. Speck, Champignons, Mais, Cherrytomaten)
geriebener Käse zum Überbacken
70 g Wasser zum Schwaden

1 Für den Vorteig die Hefe im Wasser auflösen, das Mehl gut unterrühren und abgedeckt 12 Stunden bei Raumtemperatur reifen lassen.

2 Für den Hauptteig den Vorteig, das Mehl und 200 g Wasser in der Knetschüssel der Küchenmaschine für 1–2 Minuten vermischen. Den Teig 20 Minuten ruhen lassen.

3 Das Salz und die Hefe zufügen und bei langsamer Knetstufe für 8 Minuten einkneten. Langsam beginnen, das restliche Wasser (60 g) portionsweise zuzugeben und immer vollständig einarbeiten. Zum Schluss die Knetgeschwindigkeit auf die zweite Stufe erhöhen und den Teig so lange kneten, bis er sich von der Schüsselwand löst. Den Teig in eine eingeölte Teigwanne geben und abgedeckt 24 Stunden bei 5 °C im Kühlschrank reifen lassen.

4 Den gereiften Teig auf der gut bemehlten Arbeitsfläche etwas flach drücken und nach Belieben halbieren. Den Teigling an den Ecken der kurzen Seiten etwas nach innen falten, sodass eine Art Schiffchen entsteht. Dann beide langen Seiten ebenfalls nach innen legen und etwas andrücken.

5 Mit der Hand oder der Teigkarte den Teigling auf den Einschießer wenden. Etwas flach drücken, mit Olivenöl beträufeln und dieses mit den Fingerspitzen auf dem Teig verteilen. Dabei kleine Mulden in den Teig drücken und das Olivenöl etwas einmassieren. Den Teigling 45 Minuten gehen lassen. Den Belag großzügig auf das Brot streuen, sodass er gleichmäßig verteilt ist und ein kleiner Rand verbleibt. Den Käse darüberstreuen.

6 Während der Teig geht, den Backofen mit einem Backstein im unteren Bereich 30–40 Minuten auf 250 °C (Ober-/Unterhitze) vorheizen.

7 Den Teigling auf den Backstein befördern. Mit 70 g Wasser schwaden und die Backofentür sofort schließen. Etwa 15–20 Minuten backen, bis der Käse schön knusprig geworden ist.

Lassen Sie Ihren Vorlieben freien Lauf bei den Belägen. Mir schmeckt ein Belag aus Schmand, dünnen Zwiebelscheiben und etwas gewürfeltem Speck besonders gut.

BRÖTCHEN & KLEINGEBÄCK

WEISSE BRÖTCHEN

Die meisten hellen Frühstücksbrötchen, die es hierzulande zu kaufen gibt, verdanken ihre Luftigkeit künstlich hergestellten Brötchenbackmitteln. Für eine schöne Optik werden die Teiglinge außerdem mit Glanzmitteln besprüht. Ob das gesund ist oder nicht, kümmert nahezu niemanden. Immerhin lassen viele Bäckereien die Brötchenteiglinge heute schon einigermaßen lange kalt reifen; allerdings vorwiegend aus praktischen Gründen: So können sie zentral hergestellt und kalt an zahlreiche Filialen ausgeliefert werden, wo sie dann im Laufe des Tages gebacken werden. Backmittelfrei sind sie aber trotzdem nicht. Deshalb kennen viele den Geschmack eines »sauberen« Brötchens gar nicht mehr. Mit diesem Rezept lernen Sie den »sauberen« Geschmack wieder kennen. Sie sind zwar etwas weniger leicht als viele gekaufte, aber Sie wollen ja auch keine Luft essen, sondern leckere Brötchen.

Arbeitszeit: 45 Minuten | Reifezeit: 14 ¾–16 ¾ Stunden | Backzeit: 18–20 Minuten
Gesamtzeit: 15 ¾–17 ¾ Stunden

Für 9–10 Brötchen

FÜR DEN VORTEIG
1 g Frischhefe
90 g lauwarmes Wasser
150 g Weizenmehl Type 550

FÜR DEN HAUPTTEIG
6 g Frischhefe
210 g Wasser
10 g Malzpulver (inaktiv) oder Zucker
gereifter Vorteig
350 g Weizenmehl Type 550
10 g Salz
10 g Butter

AUSSERDEM
etwas Mehl zum Arbeiten
Stärkemehl (optional)
70 g Wasser zum Schwaden

1 Für den Vorteig die Hefe im Wasser auflösen, das Mehl gut unterrühren und abgedeckt 2 Stunden bei Raumtemperatur reifen lassen. Anschließend für 10–12 Stunden bei 5 °C in den Kühlschrank stellen.

2 Für den Hauptteig die Hefe mit dem Wasser und dem Malzpulver bzw. dem Zucker in der Knetschüssel der Küchenmaschine auflösen. Dann die restlichen Zutaten zugeben. Anfangs 3 Minuten langsam, dann 6–7 Minuten auf zweiter Stufe kneten, bis ein glatter und elastischer Teig entstanden ist. Diesen abgedeckt 90 Minuten reifen lassen.

3 Anschließend den Teig auf der bemehlten Arbeitsfläche gut mit Mehl bestauben, mit der Handfläche flach drücken und zu einem Rechteck ziehen. Mit dem Teigabstecher in mehrere lange Streifen teilen, von denen dann die Teiglinge einzeln abgestochen werden. Die Teiglinge sollten etwa 80–90 g Gewicht haben.

4 Jeden Teigling sorgsam rund formen und 10–15 Minuten ruhen lassen. Dann mit der Handkante den Teigling in der Mitte längs eindrücken und die beiden Seiten zusammenklappen, dabei den Schluss gut zudrücken. So bildet sich ein länglich-ovaler Teigling. Diesen mit der flachen Hand noch etwas lang rollen.

5 Für einen schönen Glanz nach dem Backen kann der Teigling noch in Stärke gewendet werden. Hierbei darauf achten, dass nur eine ganz dünne Schicht Stärkemehl auf dem Teigling verbleibt.

6 Dann die Teiglinge mit dem Schluss nach oben auf ein Bäckerleinen legen und etwa 60 Minuten reifen lassen. Sie sollten dabei sichtbar aufgehen.

7 Während die Teiglinge reifen, den Backofen mit einem Backstein im unteren Bereich 30–40 Minuten auf 230 °C (Heißluft/Umluft) vorheizen.

8 Die Brötchen auf einen Einschießer oder ein Blech wenden und mit einem scharfen Messer länglich einschneiden. Mit einem feinen Wassernebel (beispielsweise mithilfe einer Sprühflasche) einsprühen und auf den Backstein befördern. Mit 70 g Wasser schwaden und die Ofentür sofort schließen. Die Temperatur auf 240 °C erhöhen und die Brötchen 18–20 Minuten backen. Für einen schönen Glanz die Brötchen nach dem Backen erneut mit Wasser besprühen.

KÄSEBRÖTCHEN

Als meine große Tochter vor ein paar Jahren noch in die Offene Ganztagsschule ging, wurde ich gebeten, mit den Kindern einen Backnachmittag zu organisieren. Da unsere Kinder gerne Käsebrötchen mögen, habe ich dieses Rezept entwickelt. Es ist einfach und ohne Vorteig. Der Teig sollte für bessere Bekömmlichkeit und für einen besseren Geschmack dann aber 24 Stunden im Kühlschrank reifen. Am Backtag müssen die Brötchen lediglich rund geformt werden und 60 Minuten gehen. Dann können sie schon gebacken werden.

Arbeitszeit: 30 Minuten | Reifezeit: 25 Stunden | Backzeit: 20 Minuten
Gesamtzeit: 25 ¾ Stunden

Für 9 Käsebrötchen

FÜR DEN TEIG

6 g Frischhefe
10 g enzyminaktives Malzpulver oder Zucker
300 g Wasser
500 g Weizenmehl Type 550
10 g Salz
10 g weiche Butter

AUSSERDEM

etwas Öl für den Teigbehälter
etwas Mehl zum Arbeiten
9 Scheiben junger Gouda

1 Die Hefe und das Malzpulver bzw. den Zucker in der Knetschüssel der Küchenmaschine im Wasser auflösen. Das Mehl und das Salz zugeben und langsam 3 Minuten auf erster oder zweiter Stufe kneten. Anschließend die Butter in einem Stück zugeben und unterkneten. Nach etwa 7–10 Minuten sollte der Teig glatt und elastisch aussehen.

2 Den Teig aus der Schüssel nehmen und rund formen. In einen eingeölten verschließbaren Behälter geben und 24 Stunden bei 5 °C im Kühlschrank gehen lassen. Der Behälter sollte groß genug sein, um dem aufgehenden Teig ausreichend Platz zu lassen.

3 Am Backtag den Teig auf der bemehlten Arbeitsfläche in neun Stücke à 90 g teilen. Die Teigstücke rund formen und abgedeckt auf dem mit Backpapier belegten Backblech mit dem Schluss nach unten etwa 60 Minuten gehen lassen.

4 Während die Teiglinge gehen, den Backofen mit einem Backstein im unteren Bereich 30–40 Minuten auf 230 °C (Heißluft/Umluft) vorheizen.

5 Vor dem Backen die Käsescheiben auf die Brötchen legen und das Blech ohne Schwaden auf den Backstein schieben. Die Temperatur auf 220 °C reduzieren und die Brötchen etwa 20 Minuten backen. Der Käse sollte nicht zu dunkel werden.

Ich halte mich normalerweise mit konkreten Produktempfehlungen zurück. Bei Goudakäse gibt es jedoch bedeutsame Qualitätsunterschiede. Einen der besten Goudakäse, den ich kenne, stellt »Beemster« aus Nord-Holland her. Wenn Sie diesen Käse bekommen können, dann benutzen Sie ihn für das Rezept. Kaum ein anderer Gouda schmilzt so schön über das Brötchen und hat einen so vorzüglichen Geschmack.

MILCHBRÖTCHEN

Dieses Rezept ergibt sehr delikate weiche Milchbrötchen, die durch das Olivenöl einen »etwas anderen« Geschmack haben. Ich habe es entwickelt, um die Reste vom Auffrischen meines festen Weizensauerteigs sinnvoll zu verwenden. Planen Sie das Rezept also ein, wenn Sie Ihren Sauerteig füttern wollen. Wenn Sie Ihren Sauerteig flüssig lagern, dann sollten Sie für dieses Rezept daraus einen festen Weizensauerteig ansetzen, sonst fällt das Ergebnis anders aus.

Arbeitszeit: 45 Minuten | Reifezeit: 25 ½ Stunden (bzw. 14 ¼ Stunden) | Backzeit: 20–23 Minuten
Gesamtzeit: 26 ¾ Stunden (bzw. 15 ½ Stunden)

Für 11–12 Milchbrötchen

FÜR DEN SAUERTEIG
105 g Weizenmehl Type 550
50 g warmes Wasser
10 g Sauerteiganstellgut

FÜR DEN HAUPTTEIG
355 g kalte Vollmilch (3,5 % Fettgehalt)
300 g Weizenmehl Type 550
300 g Weizenmehl Type 405
9 g Frischhefe
15 g flüssiger Honig
11 g Salz
55 g Olivenöl

AUSSERDEM
etwas Öl für die Teigwanne
etwas Mehl zum Arbeiten
70 g Wasser zum Schwaden

1 Für den Sauerteig alle Zutaten in der Knetschüssel verkneten und abgedeckt 12 Stunden bei Raumtemperatur reifen lassen.

2 Nach der Reifezeit alle Zutaten für den Hauptteig bis auf das Olivenöl zufügen und mit der Küchenmaschine anfangs 3 Minuten langsam, dann 5–6 Minuten bei nächsthöherer Geschwindigkeit kneten, bis ein fester, elastischer, glatter Teig entstanden ist. Das Olivenöl portionsweise während des Knetens dem Teig zugeben und sorgfältig unterkneten. Der Teig wird dann schrittweise weicher. Sobald alles Olivenöl im Teig ist, diesen schön glatt auskneten.

3 Den Teig in eine eingeölte Teigwanne geben und 90 Minuten ruhen lassen. Anschließend den Teig auf der bemehlten Arbeitsfläche mit etwas Mehl bestauben und in elf bis zwölf quadratische oder rechteckige Stücke à 100 g teilen.

4 Die Teiglinge von einer Seite drei- bis viermal straff zu Zylindern einrollen, den Schluss gut zudrücken und noch etwas lang rollen.

5 Die Teiglinge abgedeckt mit dem Schluss nach oben auf ein auf einem Blech liegendes Bäckerleinen geben, beispielsweise in vier Reihen à drei Teiglingen. Zwischen den Reihen das Tuch etwas hochziehen. Eine große Kunststofftüte über das Blech ziehen und 12 Stunden im Kühlschrank bei 5 °C reifen lassen. Alternativ können die Teiglinge auch 45 Minuten bei Raumtemperatur gehen und anschließend gebacken werden.

6 Den Backofen mit einem Backstein im unteren Bereich rechtzeitig vor Ende der Reifezeit 30–40 Minuten auf 220 °C (Umluft/Heißluft) vorheizen.

7 Die Teiglinge mit dem Schluss nach unten auf den Einschießer oder ein Blech legen, die Oberseite nach Baguette-Art zweimal schräg einschneiden und mit etwas Wasser besprühen. Die Brötchen auf den Backstein schieben. Mit 70 g Wasser schwaden und die Backofentür sofort schließen. Die Backzeit beträgt 20–23 Minuten.

Sie können diese Brötchen vor der langen kalten Gare auch befeuchten und in Sesam oder Mohn wälzen. Alternativ können Sie die Brötchen vor dem Backen auch mit Wasser besprühen und mit Hagelzucker bestreuen.

BAGUETTEBRÖTCHEN

Dieses Baguettebrötchen-Rezept habe ich entwickelt, um meine Lieblingsbrötchen einer Münsteraner Bäckerei aus Studententagen nachzubacken. Anstatt eines flüssigen Vorteigs wird hier ein fester Vorteig verwendet. Solche Vorteige entwickeln statt fruchtiger Aromen einen eher nussigen Geschmack. Außerdem wird der Teig einer langen, kalten Reifung bei 5 °C unterzogen. Die Reifeprozesse laufen im Kühlschrank zwar verlangsamt ab, bringen aber ein besonderes Aroma hervor. Das Malz ist nicht unbedingt erforderlich, rundet den Geschmack der Brötchen aber weiter ab.

Arbeitszeit: 45 Minuten | Reifezeit: 25 Stunden (bzw. 15 Stunden) | Backzeit: 20 Minuten
Gesamtzeit: 26 Stunden (bzw. 16 Stunden)

Für 9 Baguettebrötchen

FÜR DEN VORTEIG
1 g Frischhefe
60 g lauwarmes Wasser
100 g Weizenmehl Type 550

FÜR DEN HAUPTTEIG
gereifter Vorteig
240 g lauwarmes Wasser
350 g Weizenmehl Type 550
50 g Roggenmehl Type 1150
5 g Frischhefe
10 g Butter
10 g Salz
10 g enzyminaktives Malzmehl (optional)

AUSSERDEM
etwas Öl für die Teigwanne
etwas Mehl zum Arbeiten
Mohn- oder weiße Sesamsaat (optional)
Kartoffelstärke (optional)
70 g Wasser zum Schwaden

1 Für den Vorteig die Hefe im Wasser auflösen und das Mehl unterrühren. Dann von Hand in etwa 1 Minute zu einer Kugel verkneten. Diese abgedeckt in einer Schüssel bei Raumtemperatur 12 Stunden reifen lassen.

2 Für den Hauptteig alle Zutaten in die Knetschüssel der Küchenmaschine geben. Anfangs 3 Minuten langsam, dann 7–8 Minuten schnell zu einem glatten und elastischen Teig verkneten. Einmal dehnen und falten, dann in eine eingeölte Teigwanne geben, gut abdecken und für 12 Stunden in den Kühlschrank bei 5 °C stellen. Alternativ die Brötchen 2 Stunden bei Raumtemperatur gehen lassen.

3 Am Backtag den Teig auf der bemehlten Arbeitsfläche in neun Teigstücke à 90 g teilen und diese straff zu Zylindern einrollen.

4 Nach Wunsch die Teiglinge etwas befeuchten und in Saaten wälzen. Wenn Sie nach dem Backen einen schönen Glanz der Kruste wünschen, wälzen Sie die Teiglinge in Kartoffelstärke.

5 Die Teiglinge mit dem Schluss nach oben auf ein Bäckerleinen legen, dabei zwischen den Reihen das Leinentuch etwas hochziehen und 60 Minuten reifen lassen.

6 Während die Teiglinge reifen, den Backofen mit einem Backstein im unteren Bereich 30–40 Minuten auf 240 °C (Heißluft/Umluft) vorheizen.

7 Die Teiglinge wenden, auf den Einschießer geben und längs einschneiden. Die Teiglinge, die in Kartoffelstärke gewälzt wurden, nun mit einem Wassernebel einsprühen. Die Teiglinge auf den Backstein schieben. Mit 70 g Wasser schwaden und die Backofentür sofort schließen. Die Backzeit beträgt etwa 20 Minuten.

SESAMBRÖTCHEN

Diese Sesambrötchen haben es »in sich«. Hier bringen nicht – wie üblich – lediglich die Sesamkörner auf der Kruste leckeren Geschmack. In den Teig kommen noch Sesammus und fein gehackte Haselnüsse, die zusammen mit der Reifezeit das besondere Aroma dieser Brötchen hervorbringen. Für mich sind es die aromatischsten Sesambrötchen, die ich je gegessen habe. Wenn Sie keinen Sauerteig haben, lassen Sie ihn einfach weg.

Arbeitszeit: 30 Minuten | Reifezeit: 2 ¾ Stunden (bzw. 13 ¾ Stunden) | Backzeit: 18–20 Minuten
Gesamtzeit: 3 ½ Stunden (bzw. 14 ½ Stunden)

Für 9 Sesambrötchen

FÜR DEN TEIG

30 g ganze Haselnusskerne
450 g Weizenmehl Type 550
270 g Wasser
35 g Sauerteiganstellgut
20 g Sesammus (Tahina)
10 g flüssiger Honig
9 g Salz
5 g Frischhefe

AUSSERDEM

etwas Öl für die Teigwanne
etwas Mehl zum Arbeiten
weiße Sesamsaat
60 g Wasser zum Schwaden

1 Die Haselnüsse in einem Hochleistungsmixer fein hacken. Mit den übrigen Zutaten für den Teig in die Knetschüssel der Küchenmaschine geben. Anfangs 2–3 Minuten auf niedriger Stufe vermischen, dann auf zweiter Stufe weitere 6–7 Minuten zu einem festen, aber glatten Teig auskneten. Diesen abgedeckt 90 Minuten in einer eingeölten Teigwanne reifen lassen.

2 Den gereiften Teig auf der bemehlten Arbeitsfläche zum Entgasen flach drücken und in neun Teiglinge à 90 g teilen. Die Teigstücke rund wirken und 15 Minuten ruhen lassen.

3 Dann länglich wirken und erst befeuchten, dann in der Sesamsaat wälzen. Die Teiglinge nun auf ein Bäckerleinen legen und mit dem Überstand gut abdecken. Bei Raumtemperatur 60 Minuten reifen lassen. Alternativ lassen Sie die Brötchen 12 Stunden kalt im Kühlschrank bei 5 °C reifen (siehe Tipp Seite 110).

4 Den Backofen mit einem Backstein im unteren Bereich rechtzeitig vor Ende der Reifezeit 30–40 Minuten auf 240 °C (Heißluft/Umluft) vorheizen.

5 Die Teiglinge auf den Einschießer wenden, längs einschneiden und auf den Backstein geben. Mit 60 g Wasser schwaden und die Backofentür rasch schließen. Die Backzeit beträgt 18–20 Minuten.

HAFERLE

Hafermehl ist etwas problematisch beim Brotbacken, da es Stoffe enthält, die das Teigklebergerüst beeinträchtigen können. Daher wird Hafermehl meist nur in kleinen Mengen zu Brotteigen zugegeben. Wenn Sie jedoch Haferkleie verwenden und diese bereits im Vorteig quellen lassen, dann halten sich die Auswirkungen in Grenzen. Der Geschmack in einem Brötchenteig ist jedoch delikat.

Arbeitszeit: 45 Minuten | Reifezeit: 25 Stunden (bzw. 14 Stunden) | Backzeit: 18–20 Minuten
Gesamtzeit: 26 Stunden (bzw. 15 Stunden)

Für 10 Brötchen

FÜR DEN VORTEIG
0,2 g Frischhefe
155 g lauwarmes Wasser
100 g Weizenvollkornmehl
55 g Haferkleie

FÜR DEN HAUPTTEIG
gereifter Vorteig
195 g Wasser
345 g Weizenmehl Type 550
45 g Leinsamenschrot
7 g Frischhefe
10 g Salz
10 g Butter

AUSSERDEM
etwas Mehl zum Arbeiten
Haferkleie zum Wälzen
70 g Wasser zum Schwaden

1 Für den Vorteig die Hefe im Wasser auflösen und die restlichen Zutaten gut unterrühren. Abgedeckt 12 Stunden bei Raumtemperatur reifen lassen.

2 Nach der Reifezeit alle Zutaten für den Hauptteig außer der Hefe, dem Salz und der Butter in die Knetschüssel der Küchenmaschine geben. 2 Minuten zu einem Teig verkneten und dann 20 Minuten quellen lassen.

3 Die Hefe, das Salz und die Butter zugeben und den Teig in 6 Minuten auf zweiter Stufe auskneten. Den Teig abgedeckt 45 Minuten ruhen lassen.

4 Dann den Teig auf einer bemehlten Arbeitsfläche in zehn Stücke à 90 g teilen. Diese rund wirken, befeuchten und in Haferkleie wälzen. Mit dem Schluss nach oben auf ein mit einem Bäckerleinen bedecktes Backblech legen. Zwischen den Reihen das Leinentuch etwas hochziehen. Wenn alle Brötchen auf dem Tuch liegen, die überstehenden Leinentuchenden überklappen und eine große Kunststofftüte über das Blech ziehen. 12 Stunden bei 5 °C im Kühlschrank reifen lassen. Alternativ 60 Minuten bei Raumtemperatur reifen lassen.

5 Den Backofen mit einem Backstein im unteren Bereich rechtzeitig vor Ende der Reifezeit 30–40 Minuten auf 230 °C (Umluft-/Heißluft) vorheizen.

6 Die Brötchen direkt aus dem Kühlschrank auf den Einschießer oder ein Blech wenden, über Kreuz einschneiden und auf den Backstein schieben. Mit 70 g Wasser schwaden und die Backofentür sofort schließen. Die Temperatur auf 240 °C erhöhen und die Brötchen 18–20 Minuten backen.

FRÜH-STÜCKCHEN

Mit diesem Rezept können Sie morgens innerhalb von einer Stunde optisch und geschmacklich vorzügliche Frühstücksbrötchen zaubern. Der Teig wird schon am Vorabend hergestellt und reift über Nacht im Kühlschrank. Sie brauchen den Teig morgens nur noch auf der Arbeitsfläche in Form schieben, die Brötchen abstechen, kurz gehen lassen und dann backen. Hartweizenmehl bekommen Sie am besten in einer Mühle.

Arbeitszeit: 30 Minuten | Reifezeit: 13 ¼ Stunden | Backzeit: 18–20 Minuten
Gesamtzeit: 14 Stunden

Für 12 Brötchen

FÜR DEN TEIG

200 g Weizenmehl Type 550
150 g Hartweizenmehl
150 g Dinkelmehl Type 630
320 g Wasser
7 g Frischhefe
10 g enzyminaktives Backmalz oder Zucker
11 g Salz
1 EL Kürbiskernöl

AUSSERDEM

etwas Öl für die Teigwanne
etwas Mehl zum Arbeiten
70 g Wasser zum Schwaden

1 Die Mehle und das Wasser in die Knetschüssel der Küchenmaschine geben und verkneten, bis keine Mehlnester mehr zu sehen sind. Abgedeckt 20 Minuten ruhen lassen.

2 Die restlichen Zutaten zugeben und anfangs 4 Minuten langsam, dann 3–5 Minuten auf nächsthöherer Stufe kneten, bis der Teig glatt ist und sich von der Schüsselwand löst. Den Teig abgedeckt 30 Minuten ruhen lassen, dabei einmal dehnen und falten. In eine eingeölte Teigwanne geben und abgedeckt bei 5 °C im Kühlschrank 12 Stunden reifen lassen.

3 Den gereiften Teig auf der bemehlten Arbeitsfläche nur leicht flach drücken, damit nicht zu viele Gärgase entweichen. Dann vorsichtig in eine rechteckige Form (24 x 18 cm) ziehen. Mit einem scharfen Teigabstecher zwölf große Teigstücke (6 x 6 cm) abstechen. Diese erneut leicht flach drücken und mit Mehl bestauben. Auf ein Blech legen und abgedeckt etwa 30 Minuten reifen lassen.

4 Während die Teiglinge reifen, den Backofen mit einem Backstein im unteren Bereich 30–40 Minuten auf 240 °C (Umluft/Heißluft) vorheizen.

5 Das Blech auf den Backstein schieben. Mit 70 g Wasser schwaden und die Backofentür sofort schließen. In 18–20 Minuten goldbraun backen.

Wenn Sie Schwierigkeiten haben, an Hartweizenmehl zu kommen, können Sie alternativ auch Hartweizengrieß nehmen. Durch die lange Reifezeit quillt dieser ausreichend auf.

BLÜTEN-BRÖTCHEN

Die Idee zu diesem Rezept habe ich aus einem Backkurs bei Josep Pascual, einem spanischen Meisterbäcker, mitgebracht. Der Clou ist, wie er spektakuläre Brötchen mit fünf verschiedenen Saaten auf sehr einfache Weise geformt hat. Bei diesem Rezept wird dem Brötchenteig Weizenkleie zugefügt. Das ist zum einen gut für die Verdauung und bringt zum anderen mehr Mineralstoffe und Vitamine in den Teig. Weizenkleie bekommen Sie günstig in der Mühle. Sie wird aber inzwischen auch von Supermärkten geführt.

Arbeitszeit: 30 Minuten | Reifezeit: 13 ¾ Stunden | Backzeit: 18–20 Minuten
Gesamtzeit: 15 Stunden

Für 8 große Brötchen

FÜR DEN SAUERTEIG
50 g Weizenmehl Type 550
50 g Wasser
5 g Sauerteiganstellgut

FÜR DEN VORTEIG
0,1 g Frischhefe
60 g lauwarmes Wasser
60 g Weizenmehl Type 550

FÜR DEN HAUPTTEIG
gereifter Sauerteig
gereifter Vorteig
210 g Wasser
355 g Weizenmehl Type 550
35 g Weizenkleie
7 g Frischhefe
10 g flüssiger Honig
10 g Salz
10 g Butter

AUSSERDEM
etwas Mehl zum Arbeiten
5 verschiedene Saaten (z.B. Mohnsamen, weiße Sesamsaat, Sonnenblumenkerne, Leinsamen, Haferflocken)
70 g Wasser zum Schwaden

1 Alle Zutaten für den Sauerteig gut verrühren und abgedeckt 12 Stunden bei Raumtemperatur reifen lassen. Außerdem für den Vorteig die Hefe im Wasser auflösen, das Mehl gut unterrühren und gleichzeitig abgedeckt 12 Stunden bei Raumtemperatur reifen lassen.

2 Nach der Reifezeit alle Zutaten für den Hauptteig in die Knetschüssel der Küchenmaschine geben. Anfangs 4 Minuten langsam, dann 5 Minuten schnell kneten, bis der Teig schön glatt ist und sich vom Schüsselrand löst. Den Teig abgedeckt 45 Minuten reifen lassen.

3 Den gereiften Teig auf der bemehlten Arbeitsfläche flach drücken und in zehn Stücke à 85 g teilen. Die Teiglinge straff rund formen, befeuchten und jeweils zwei von ihnen in einer der fünf Saaten wälzen. So erhalten Sie zunächst zwei Mohnbrötchen, zwei Sesambrötchen usw.

4 Die Teiglinge mit dem Schluss nach unten auf die Arbeitsfläche legen und mit der Teigkarte möglichst sauber vierteln. Es entstehen 40 Viertel (immer acht mit gleichen Saaten). Jeweils fünf der Viertel auf einem Blech zu einem runden Teigling (Blüte) zusammensetzen. Die Schnittflächen müssen jeweils zueinander zeigen, damit sie während der anschließenden 60-minütigen Reifezeit verkleben können. 60 Minuten reifen lassen.

5 Während die Teiglinge reifen, den Backofen mit einem Backstein im unteren Bereich 30–40 Minuten auf 240 °C (Heißluft/Umluft) vorheizen.

6 Das Blech nach der 60-minütigen Stückgare auf den Backstein schieben. Mit 70 g Wasser schwaden und die Backofentür sofort schließen. Die Backzeit beträgt 18–20 Minuten.

Sie können aus den Brötchenvierteln nicht nur runde Blüten basteln. Wie Sie sie wieder zusammenfügen, ist ganz Ihrer Kreativität überlassen. Vor dem Wälzen geben Sie die Teiglinge am besten kurz auf ein feuchtes Küchentuch. Auf den angefeuchteten Teiglingen haften die Saaten und Körner am besten.

1
2
3
4
5
6

HAMBURGER-BUNS

Gekaufte Hamburgerbrötchen sind – gelinde gesagt – oft industriell hergestellte Lieblosigkeiten, die schon beim Auspacken trocken und bröselig sind. Ich habe ja schon in der Einleitung dieses Buchs mein Erlebnis in einer Brötchenfabrik beschrieben, das mich schon mehrfach inspiriert hat, eigene Rezepte zu erstellen. Bei vorliegendem Rezept habe ich all meine Erfahrungen eingebracht und die bisher besten Hamburgerbrötchen aus meinem Ofen geholt. Wichtig finde ich bei Hamburgerbrötchen, dass sie eine luftig-lockere Krume bekommen, aber stabil genug sind, dass der Burger beim Verzehr nicht auseinanderfällt. Ein wichtiges Prinzip, genau das zu erreichen, ist, die Teiglinge gut und lang reifen zu lassen. Ein kleiner Vorteig sorgt hier für ein leicht fruchtiges Aroma.

Arbeitszeit: 45 Minuten | Reifezeit: 13 ¼–15 ¼ Stunden | Backzeit: 18–20 Minuten
Gesamtzeit: 14 ¼ – 16 ¼ Stunden

Für 9 Buns

FÜR DEN POOLISH
50 g Wasser
0,1 g Frischhefe
50 g Weizenmehl Type 550

FÜR DEN HAUPTTEIG
gereifter Poolish
400 g Weizenmehl Type 550
2 Eigelb
230 g kalte Vollmilch (3,5 % Fettgehalt)
20 g Zucker
5 g Frischhefe
10 g Salz
100 g kalte Butter

AUSSERDEM
etwas Mehl zum Arbeiten
Saaten z.B. weiße Sesamsaat
70 g Wasser zum Schwaden

1 Für den Poolish die Hefe im Wasser auflösen, das Mehl unterrühren und 10–12 Stunden bei Raumtemperatur reifen lassen.

2 Nach der Reifezeit alle Zutaten für den Hauptteig außer der Butter in die Knetschüssel der Küchenmaschine geben und in etwa 6 Minuten zu einem glatten festen Teig kneten. Dann die Butter stückweise zugeben und weiterkneten, bis die gesamte Menge im Teig gebunden ist und der Teig sich komplett von der Schüssel löst. Er sollte glatt sein und einen guten Fenstertest zeigen. Den Teig abgedeckt 90 Minuten in der Schüssel reifen lassen.

3 Den Teig auf der bemehlten Arbeitsfläche gut flach drücken, in neun Teiglinge à etwa 100 g teilen und diese rund formen. Die Teiglinge 45 Minuten mit dem Schluss nach oben auf einem (bemehlten) Leinentuch reifen lassen.

4 Die Teiglinge einzeln mit der Handfläche gut flach drücken, damit die Burger-Buns später einen flacheren Querschnitt haben. Die glatte Seite auf ein feuchtes Tuch legen und so befeuchten. Die befeuchtete Seite anschließend in Sesam oder anderen Saaten wälzen. Mit dem Schluss nach oben auf ein Leinentuch legen und abgedeckt eine weitere Stunde bei Raumtemperatur reifen lassen. Das Volumen der Teiglinge sollte sich in dieser Zeit mindestens verdoppeln.

5 Während die Teiglinge reifen, den Backofen mit einem Backstein im unteren Bereich 30–40 Minuten auf 220 °C (Ober-/Unterhitze) vorheizen.

6 Die Buns mit dem Schluss nach unten auf das Blech oder den Einschießer wenden und mit Wasser besprühen. Das Blech auf den Backstein befördern, mit 70 g Wasser schwaden und die Backofentür sofort schließen. Die Temperatur auf 200 °C reduzieren und die Buns etwa 18–20 Minuten backen. Die Brötchen sollten nur leicht braun werden. Eine dünne Kruste ist gewünscht.

BREZELN

Brezeln gehören weltweit zu den beliebtesten deutschen Brotgebäcken. Leider erfordert die Herstellung etwas Übung. Zudem ist die benötigte Lauge nicht ganz ungefährlich. Ich rate daher davon ab, dieses Gebäck mit Kindern zu backen. Mithilfe dieses Rezeptes und der Bilderfolge sollten Ihnen aber nach kurzer Zeit recht schöne Brezeln gelingen. Laugenperlen bekommen Sie im Internet. Sie können auch versuchen, sie in Ihrer Apotheke zu bestellen. Meine Erfahrungen mit Kaisernatron als Ersatz sind nicht gut, da das erforderliche kochende Wasser die Herstellung zusätzlich verkompliziert. Zudem kann das Ergebnis nicht mit der anderen Version konkurrieren. Anstatt Brezeln können Sie aus diesem Teig übrigens auch alle anderen beliebten Laugengebäcke formen, zum Beispiel Brötchen oder Stangen.

Arbeitszeit: 50 Minuten | Reifezeit: 14 Stunden | Backzeit: 15–18 Minuten
Gesamtzeit: 15 Stunden

Für 8 Brezeln

FÜR DEN VORTEIG
0,5 g Frischhefe
110 g Wasser
110 g Weizenmehl Type 550

FÜR DEN HAUPTTEIG
gereifter Vorteig
365 g Weizenmehl Type 550
165 g Vollmilch (3,5 % Fettgehalt)
10 g Salz
5 g Frischhefe
33 g Schweine- oder Butterschmalz

FÜR DIE LAUGE
750 g Wasser
30 g Laugenperlen (Natriumhydroxid)

VORSICHT: Die entstehende vierprozentige Natronlauge ist gefährlich! Bitte immer Schutzhandschuhe, eine Schutzbrille und eine Schürze tragen! Die Lauge kann ungeeignete Materialien angreifen und kann zudem zu Hautverletzungen führen!

AUSSERDEM
etwas Mehl zum Arbeiten
Brezelsalz zum Bestreuen

1 Für den Vorteig die Hefe im Wasser auflösen, das Mehl gut unterrühren und abgedeckt 12 Stunden bei Raumtemperatur reifen lassen.

2 Nach der Reifezeit alle Zutaten für den Hauptteig in die Knetschüssel der Küchenmaschine geben. Anfangs 2 Minuten langsam, dann 6–7 Minuten auf zweiter Stufe kneten, bis der Teig glatt und elastisch ist. Den Teig abgedeckt 60 Minuten ruhen lassen.

3 Nach der Teigruhe den Teig auf der bemehlten Arbeitsfläche flach drücken und acht rechteckige Teiglinge à 100 g abstechen. Die Teiglinge zu Zylindern formen und etwas länglich rollen (etwa 20 cm). Die Stränge abgedeckt 15 Minuten ruhen lassen.

4 Die Stränge einzeln mit beiden Händen dünn auf eine Länge von etwa 50–60 cm ausrollen. Dabei die Spitzen etwas dünner ausrollen als die Mitte. Die Stränge zu einer Brezel zusammenlegen und auf ein mit Backpapier belegtes Backblech legen. Die »Ärmchen« sollten unten liegen. Die Teiglinge abgedeckt 15–20 Minuten bei Raumtemperatur aufgehen lassen, dann das Blech ohne Abdeckung 30 Minuten in den Kühlschrank stellen.

5 Für die Lauge das Wasser auf 30 °C erwärmen und in eine Edelstahl- oder Kunststoffschüssel umfüllen. Die Laugenperlen in das Wasser streuen und vorsichtig umrühren, bis sie ganz aufgelöst sind. Entstehende Dämpfe nicht einatmen!

6 Die Arbeitsfläche mit einer Kunststofffolie abdecken. Die vorbereitete Laugenschüssel auf die Folie stellen. Das Blech mit den Brezeln aus dem Kühlschrank nehmen. Durch die Kühlung sollten die Brezeln ganz fest geworden sein (»abgesteift«). Einzeln die Brezel mit beiden behandschuhten Händen nehmen und für 3–5 Sekunden in die Lauge tauchen. Auf das Blech legen und mit Brezelsalz bestreuen. Den »Bauch« der Brezel mit einem raschen Schnitt längs einschneiden.

7 Den Backofen mit einem Backstein im unteren Bereich rechtzeitig 30–40 Minuten auf 220 °C (Umluft/Heißluft) vorheizen. Das Blech auf den Backstein stellen und 15–18 Minuten unter Sichtkontrolle (falls die Brezeln zu dunkel werden) backen. Nach dem Backen mit Wasser besprühen, damit sie schön glänzen.

1
2
3
4
5
6

LEIN-SCHROTLINGE

Wenn Ihnen nach richtig kernigen Brötchen ist, dann probieren Sie doch einmal dieses Rezept aus. Leinsamenschrot, kombiniert mit drei verschiedenen Getreidemehlsorten und Roggensauerteig ergibt hier ein richtig leckeres Frühstücksbrötchen. Neben dem Nährwert und der verdauungsförderlichen Wirkung hat Leinsamen auch cholesterin-senkende Eigenschaften und soll sogar Krebserkrankungen vorbeugen.

Arbeitszeit: 45 Minuten | Reifezeit: 14 ½ Stunden | Backzeit: 20 Minuten
Gesamtzeit: 15 ½ Stunden

Für 9 Brötchen

FÜR DEN SAUERTEIG

50 g Roggenmehl Type 1150
50 g warmes Wasser
5 g Sauerteiganstellgut

FÜR DEN HAUPTTEIG

gereifter Sauerteig
250 g Dinkelmehl Type 1050
150 g Weizenvollkornmehl
15 g enzyminaktives Backmalz
275 g Wasser (250 g plus 25 g)
10 g Salz
6 g Frischhefe
15 g Butter
100 g Leinsamenschrot (davon 50 g zum Wälzen)

AUSSERDEM

etwas Öl für die Teigwanne
etwas Mehl zum Arbeiten

1 Alle Zutaten für den Sauerteig gut verrühren und abgedeckt 12 Stunden bei 26–28 °C reifen lassen (zum Beispiel im Backofen mit angeschalteter Lampe).

2 Nach der Reifezeit für den Hauptteig den Sauerteig, die Mehle, das Backmalz und 250 g Wasser für 1–2 Minuten langsam kneten und 20 Minuten in der Knetschüssel quellen lassen. Das Salz und die Hefe zufügen und 2 Minuten langsam unterkneten. Die Butter zufügen und 3 Minuten schnell unterkneten. Zuletzt das restliche Wasser (25 g) und 50 g Leinsamenschrot für 2–3 Minuten langsam unter den Teig kneten, der sich danach vollständig von der Schüsselwand lösen sollte. In einer eingeölten Teigwanne abgedeckt bei Raumtemperatur 90 Minuten reifen lassen. Nach 45 Minuten einmalig dehnen und falten. Das Teigvolumen sollte sich mindestens verdoppelt haben.

3 Den gereiften Teig dann auf der bemehlten Arbeitsfläche in neun Teiglinge à 95 g teilen, diese dann flach drücken und rund wirken. Die Teiglinge befeuchten und im restlichen Leinsamenschrot (50 g) wälzen.

4 Die Teiglinge nun abgedeckt 45 Minuten mit dem Schluss nach oben auf einem Bäckerleinen reifen lassen.

5 Während die Teiglinge reifen, den Backofen mit einem Backstein im unteren Bereich 30–40 Minuten auf 240 °C (Heißluft/Umluft) vorheizen.

6 Die Brötchen auf den Einschießer wenden, kreuzweise einschneiden und auf den Backstein befördern. Die Backzeit beträgt etwa 20 Minuten.

Noch besser schmecken die Brötchen, wenn die Teiglinge über Nacht im Kühlschrank reifen. Dafür eine Platte oder ein Blech mit einem Leinentuch belegen, die Teiglinge mit der Oberseite nach unten nebeneinander auf das Tuch legen. Es passen drei Teiglinge nebeneinander, sodass drei Reihen ausreichen. Zwischen den Reihen wird das Leinentuch hochgezogen, damit die Teiglinge nicht aneinanderkleben. Die Überstände des Tuchs über die Teiglinge klappen. Das Blech mit einer großen Kunststofftüte überziehen, die verhindert, dass die Teiglinge austrocknen. Für 12 Stunden in den Kühlschrank bei 5 °C zur Reifung stellen.

SAATLINGE

Dieses Rezept sollten Sie ausprobieren, wenn Ihnen nach etwas kräftigeren Saatenbrötchen ist. Etwa ein Viertel der Mehlmenge besteht aus Vollkornmehl, was zu einem gehaltvolleren Geschmack führt und zugleich den gesundheitlichen Wert des Gebäcks verbessert. Zumal die Teiglinge auch noch über Nacht im Kühlschrank reifen. Die Sonnenblumenkerne werden nach dem Rösten noch verquollen, damit sie besonders saftig sind.

Arbeitszeit: 50 Minuten | Reifezeit: 25 Stunden | Backzeit: 20 Minuten
Gesamtzeit: 26 Stunden

Für 9 Brötchen

FÜR DEN VORTEIG
0,2 g Frischhefe
125 g lauwarmes Wasser
125 g Weizenmehl Type 1050

FÜR DAS SONNENBLUMEN-KERN-BRÜHSTÜCK
60 g Sonnenblumenkerne
60 g Wasser

FÜR DEN HAUPTTEIG
gereifter Vorteig
Abtropfwasser von den Sonnenblumenkernen
250 g Weizenmehl Type 550
125 g Weizenvollkornmehl
175 g Wasser
11 g Salz
10 g Backmalz oder flüssiger Honig
7 g Frischhefe
vorbereitetes Sonnenblumenkern-Brühstück

AUSSERDEM
Mehl zum Arbeiten
Saatenmischung (z.B. weiße Sesamsaat, Mohnsamen, Leinsamen) zum Wälzen
70 g Wasser zum Schwaden

1 Für den Vorteig die Hefe im Wasser auflösen, das Mehl gut unterrühren und abgedeckt 12 Stunden bei Raumtemperatur reifen lassen.

2 Für das Brühstück die Sonnenblumenkerne in einem Topf langsam rösten, bis sie eine bräunliche Farbe angenommen haben. Sofort mit dem Wasser übergießen und alles auf Raumtemperatur abkühlen lassen. Zum Abtropfen in ein Sieb geben und dabei die Flüssigkeit auffangen.

3 Nach der Reifezeit alle Zutaten für den Hauptteig außer dem Sonnenblumenkern-Brühstück anfangs etwa 4 Minuten langsam, dann 4–5 Minuten auf der zweiten Knetstufe in der Knetschüssel der Küchenmaschine zu einem glatten Teig verkneten. Dann die gequollenen Sonnenblumenkerne zugeben und langsam einkneten, bis sie vollständig vom Teig aufgenommen sind. Den Teig abgedeckt 45 Minuten ruhen lassen.

4 Danach den Teig auf der bemehlten Arbeitsfläche in neun Teiglinge à 90 g teilen. Die Teiglinge rund wirken und 10 Minuten ruhen lassen.

5 Dann lang wirken und befeuchten. Die Oberseite in der Saatenmischung wälzen und auf ein mit Bäckerleinen ausgelegtes Backblech legen. Die Seite mit den Saaten sollte nach unten zeigen. Zwischen den Reihen das Leinen etwas hochziehen. Wenn alle Teiglinge untergebracht sind, das restliche Leinen darüber klappen und gegen Austrocknen noch eine Kunststofftüte über das Backblech ziehen. Das Blech mit den Teiglingen sofort in den Kühlschrank stellen und 12 Stunden bei 5 °C reifen lassen.

6 Den Backofen mit einem Backstein im unteren Bereich rechtzeitig vor Ende der Reifezeit 30–40 Minuten auf 240 °C (Heißluft/Umluft) vorheizen. Die Teiglinge auf den Einschießer wenden, länglich einschneiden und auf den Backstein schieben. Mit 70 g Wasser schwaden und die Backofentür sofort schließen. Die Backzeit beträgt 20 Minuten.

Bei der Auswahl der Saaten sind Ihrer Kreativität keine Grenzen gesetzt. Für ein besonders knuspriges Brötchen probieren Sie doch einmal aus, die Teiglinge anstatt in Saaten in Maisgrieß zu wälzen.

BUTTERMILCH-VOLLKORNBRÖTCHEN

Echte Vollkornbrötchen, die aus einem Großteil Vollkornmehl gebacken werden, gibt es nur selten zu kaufen. In vielen Fällen wird bei Brötchen, die dunkel wie Vollkornbrötchen aussehen, überwiegend helles Mehl verwendet. Die dunkle Farbe entsteht durch die Zugabe von Färbemalzen. Das müssen keine schlechten Brötchen sein, es sind aber eben keine Vollkornbrötchen. Dieses Rezept verwendet fast ausschließlich Vollkornmehl. Lediglich ein kleiner Anteil Weißmehl hilft dabei, die Brötchen später noch besser aufgehen zu lassen. Als Flüssigkeit kommt Buttermilch in den Teig, eine leckere Alternative zur normalen Milch. Der Teig ist für einen Brötchenteig relativ weich, kann aber gut geformt werden.

Arbeitszeit: 45 Minuten | Reifezeit: 15 ¼ Stunden | Backzeit: 20 Minuten
Gesamtzeit: 16 ¼ Stunden

Für 10 Brötchen

FÜR DEN VORTEIG
0,1 g Frischhefe
100 g lauwarmes Wasser
100 g Weizenvollkornmehl

FÜR DEN HAUPTTEIG
gereifter Vorteig
320 g kühlschrankkalte Buttermilch
350 g Weizenvollkornmehl
50 g Weizenmehl Type 550
10 g Salz
10 g flüssiger Honig
5 g Frischhefe

AUSSERDEM
etwas Öl für die Teigwanne
etwas Mehl zum Arbeiten
70 g Wasser zum Schwaden

1 Für den Vorteig die Hefe im Wasser auflösen, das Mehl gut unterrühren und abgedeckt 12 Stunden bei Raumtemperatur reifen lassen.

2 Für den Hauptteig den gereiften Vorteig, die Buttermilch und die Mehle in der Knetschüssel der Küchenmaschine 2 Minuten verkneten und dann 20 Minuten ruhen lassen, damit das Vollkornmehl quellen kann. Die restlichen Zutaten zufügen und 6–8 Minuten bei Knetstufe 2 kneten, bis sich der Teig vollständig von der Schüsselwand löst. Den Teig abgedeckt in einer eingeölten Teigwanne 2 Stunden bei Raumtemperatur reifen lassen.

3 Den gereiften Teig auf der bemehlten Arbeitsfläche in zehn Teiglinge à 95 g teilen. Die Teiglinge rund wirken und in Weizenvollkornmehl wälzen. Mit dem Teigschluss nach oben für 60 Minuten auf ein Bäckerleinen legen, zwischen den Reihen das Tuch etwas hochziehen und mit dem Überstand abdecken.

4 Während die Teiglinge ruhen, den Backofen mit einem Backstein im unteren Bereich 30–40 Minuten auf 240 °C (Heißluft/Umluft) vorheizen.

5 Die Teiglinge auf den Einschießer wenden, die Brötchen über Kreuz einschneiden und auf den Backstein schieben. Mit 70 g Wasser schwaden und die Backofentür sofort schließen. Die Backzeit beträgt 20 Minuten.

RUSTIKALE ROGGENECKEN

Diese leckeren, etwas rustikaleren Brötchen werden mit gleich zwei Vorteigen zubereitet. Neben diesen sorgen das Weizenmehl Type 812 und das Roggenmehl Type 1150 für einen gehaltvollen Genuss. Das dunkle Gerstenmalz schafft zudem einen leckeren malzigen Geschmack und eine dunklere Farbe. Trotz des deftigeren Aromas schmecken sie auch sehr gut zu süßen Belägen und machen auf jedem Frühstückstisch einen guten Eindruck.

Arbeitszeit: 50 Minuten | Reifezeit: 14 ¼ Stunden | Backzeit: 20–22 Minuten
Gesamtzeit: 15 ½ Stunden

Für 8 Brötchen

FÜR DEN SAUERTEIG
65 g Roggenmehl Type 1150
65 g warmes Wasser
7 g Sauerteiganstellgut

FÜR DEN VORTEIG
0,1 g Frischhefe
50 g Wasser
50 g Weizenmehl Type 812

FÜR DEN HAUPTTEIG
230 g Wasser (205 g plus 25 g)
gereifter Sauerteig
gereifter Vorteig
325 g Weizenmehl Type 812
65 g Roggenmehl Type 1150
10 g Salz
10 g flüssiger Honig
10 g Butter
7 g Frischhefe
15 g dunkles Gerstenmalzpulver (Färbemalz, optional)

AUSSERDEM
etwas Öl für die Teigwanne
etwas Mehl zum Arbeiten
70 g Wasser zum Schwaden

1 Alle Zutaten für den Sauerteig gut verrühren und abgedeckt 12 Stunden bei Raumtemperatur reifen lassen. Für den Vorteig die Hefe im Wasser auflösen, das Mehl gut unterrühren und abgedeckt ebenfalls 12 Stunden bei Raumtemperatur reifen lassen.

2 Nach der Reifezeit für den Hauptteig 205 g Wasser und die übrigen Hauptteig-Zutaten in die Knetschüssel der Küchenmaschine geben und 4 Minuten bei langsamer Geschwindigkeit kneten. Dann bei höherer Knetgeschwindigkeit portionsweise das restliche Wasser (25 g) zugeben und kneten, bis sich der Teig nahezu komplett von der Schüsselwand löst. Den Teig abgedeckt 90 Minuten bei Raumtemperatur in einer rechteckigen eingeölten Teigwanne reifen lassen. Direkt zu Anfang und nach 45 Minuten dehnen und falten.

3 Den gereiften Teig auf einer gut bemehlten Arbeitsfläche mit den Händen etwas flach drücken und mithilfe einer Teigkarte zur Form einer Raute zurechtziehen und -schieben. So lassen sich die Teiglinge besser abstechen und bekommen sofort die endgültige Form.

4 Mit der Teigkarte und einem Lineal den rautenförmigen Teig zunächst längs in zwei gleiche Stücke teilen. Dann jeweils oben und unten vier gleich große rautenförmige Teiglinge abstechen.

5 Die Teiglinge mit der glatteren Seite oben auf ein Bäckerleinen legen, gut mit Mehl bestauben und abgedeckt 50 Minuten bei Raumtemperatur aufgehen lassen.

6 Während die Teiglinge gehen, den Backofen mit einem Backstein im unteren Bereich 30–40 Minuten auf 240 °C (Heißluft-/Umluft) vorheizen.

7 Die Teiglinge auf den Einschießer legen, dabei die gut bemehlte Seite oben lassen, und schräg von einer Spitze zur anderen einschneiden. Die Brötchen auf den Backstein schieben, mit 70 g Wasser schwaden und die Ofentür sofort schließen. 20–22 Minuten backen.

Anstatt Weizenmehl Type 812 ist auch die Verwendung von Weizenmehl Type 1050 möglich. Das Färbemalz bekommen Sie fast nur in Mühlen oder im Hobbybäcker-Versandhandel. Es kann auch weggelassen werden.

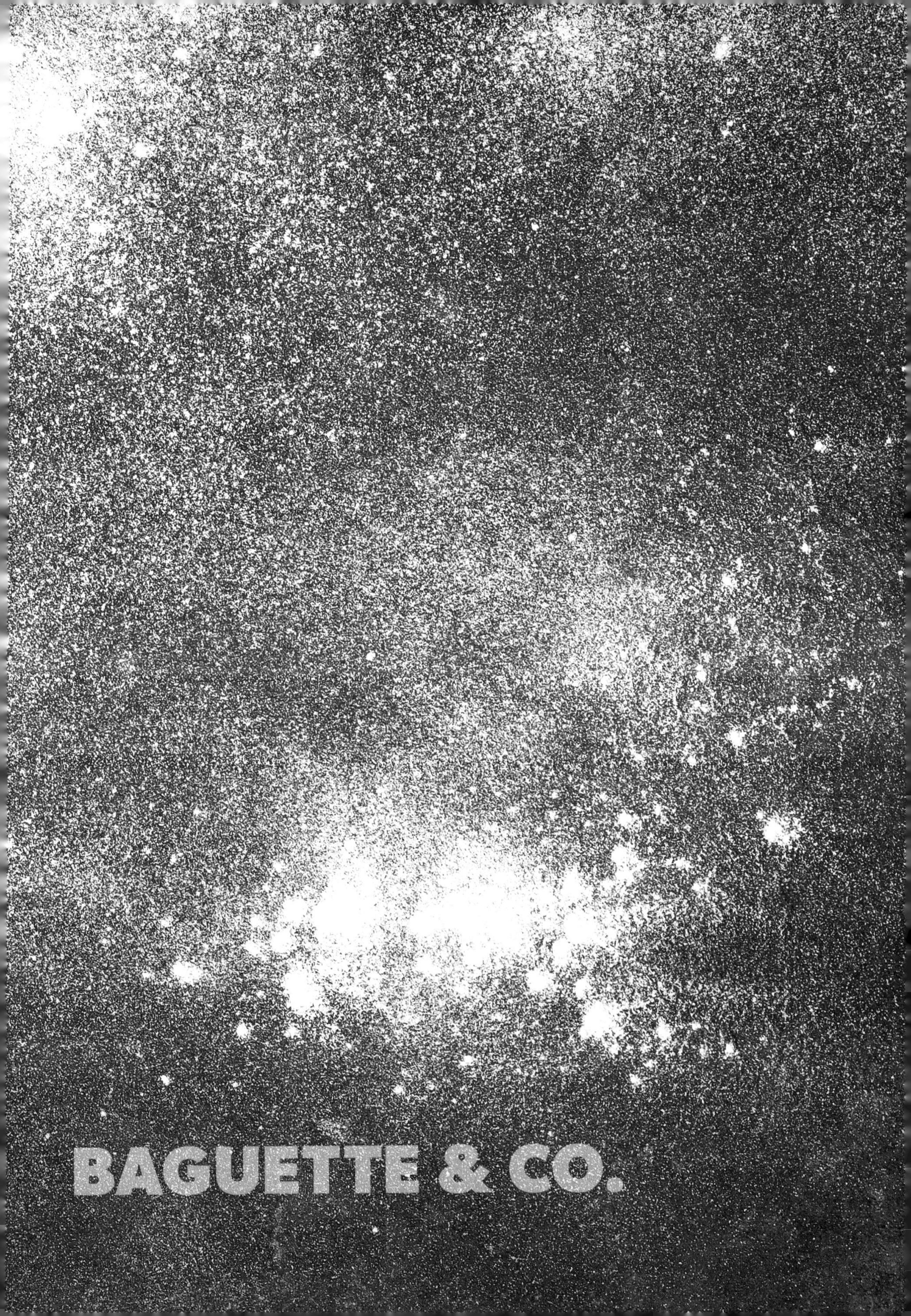
BAGUETTE & CO.

FRANZÖSISCHE BAGUETTES

Der Mangel an richtig guten Baguettes hat mich überhaupt erst zum Brotbacken gebracht. Französische Baguettes gehören für mich zu den leckersten Brotsorten überhaupt. Ein gutes Baguette hat eine krachend knusprige Kruste, die beim Backen schön aufgerissen ist. Die Brotkrume ist grobporig und von intensivem Geschmack. Die großen Poren sind das Ergebnis einer langen Teigfermentation und einer speziellen Bearbeitungstechnik, die in deutschen Bäckereien allerdings oft nicht angewandt werden. Baguettes hierzulande erinnern geschmacklich daher eher an Weißbrot oder Brötchen. Einiges muss beachtet werden, damit es wie in Frankreich schmeckt. Wichtig ist vor allem eine wirklich lange Teigreifung. Das vorliegende Rezept ist für bei uns erhältliches Weizenmehl Type 550 optimiert.

Arbeitszeit: 50 Minuten | Reifezeit: 39 ¼ Stunden | Backzeit: 18–20 Minuten
Gesamtzeit: 40 ½ Stunden

Für 3–4 Baguettes

FÜR DEN VORTEIG
0,1 g Frischhefe
150 g Wasser
150 g Weizenmehl Type 550

FÜR DEN HAUPTTEIG
gereifter Vorteig
350 g Weizenmehl Type 550
185 g Wasser (170 g plus 15 g)
10 g Salz
3 g Frischhefe

AUSSERDEM
etwas Öl für die Teigwanne
etwas Mehl zum Arbeiten
60 g Wasser zum Schwaden

Hinweis: Die Bilder auf Seite 121 bilden die Arbeitsschritte zu Punkt 5 und 6 ab.

1 Für den Vorteig die Hefe im Wasser auflösen, das Mehl unterrühren. Abgedeckt 12 Stunden bei Raumtemperatur reifen lassen.

2 Für den Hauptteig den Vorteig, das Mehl und 170 g Wasser in der Küchenmaschine vermischen und 20 Minuten ruhen lassen. Das Salz und die Hefe zugeben und anfangs 3 Minuten langsam, dann 6–7 Minuten schnell auskneten. Gegen Ende das restliche Wasser (15 g) portionsweise einkneten. Dabei immer wieder warten, bis es komplett im Teig gebunden ist. Zum Schluss auf zweiter Knetstufe kneten, bis sich der Teig von der Schüsselwand löst. Den Teig abgedeckt in einer geölten Teigwanne 2 Stunden reifen lassen, dabei nach 45 und nach 90 Minuten dehnen und falten.

3 Die Teigschüssel danach gut abgedeckt bei 5 °C für 24 Stunden in den Kühlschrank stellen, bis der Teig blasig und gut aufgegangen ist.

4 Am Backtag den Teig auf der bemehlten Arbeitsfläche in drei bis vier gleich schwere Stücke teilen. Diese zu Zylindern einrollen, ohne dabei zu viele Gärblasen aus dem Teig zu drücken. Die Teiglinge 20 Minuten ruhen lassen.

5 Die Teiglinge sehr vorsichtig etwas flach drücken. Jeweils den Rand einer langen Seite zur Mitte führen, leicht andrücken. Den Rand der gegenüberliegenden Seite über die eben gebildete Teigkante führen und gut andrücken. Die entstandene straffe Rolle nun mit beiden flachen Händen auf der bemehlten Arbeitsfläche lang rollen (etwa 35 cm). Die Teiglinge abgedeckt 35–40 Minuten auf einem bemehlten Leinentuch mit dem Schluss nach oben reifen lassen. Währenddessen den Backofen mit einem Backstein im unteren Bereich 30–40 Minuten auf 230 °C (Heißluft/ Umluft) vorheizen.

6 Die Teiglinge auf den Einschießer wenden, dreimal länglich mit flach gehaltener scharfer Klinge einschneiden und auf den Backstein befördern. Mit 60 g Wasser schwaden und die Ofentür sofort schließen. Die Temperatur auf 240 °C erhöhen und 18–20 Minuten backen, bis die Baguettes eine schöne Farbe haben.

Um die langen Teiglinge auf den Einschießer zu geben, nehmen Sie am besten eine Kippdiele zur Hilfe (siehe Bild 8).

Wenn Sie die Möglichkeit haben, probieren Sie dieses Rezept unbedingt einmal mit französischem Mehl T65. Sie können dann 20 g Wasser mehr zum Hauptteig geben.

1
2
3
4
5
6
7
8
9

DUNKLE BAGUETTES

Baguettes sind typischerweise Weißbrot. Jedoch erlaubt es das französische Brotgesetz meines Wissens, Vollkornmehl zum üblichen Weißmehl zuzumischen. Das habe ich in diesem Rezept mit Erfolg ausprobiert. Das Vollkornmehl hilft, durch den höheren Ballaststoffanteil und die Vitamine, die sich in den Getreideschalen befinden, den gesundheitlichen Wert dieser Brotsorte zu erhöhen. Es stellt auch geschmacklich eine schöne Abwechslung dar, weil die Baguettes etwas würziger schmecken.

Arbeitszeit: 30 Minuten | Reifezeit: 39 ¾ Stunden | Backzeit: 18–20 Minuten
Gesamtzeit: 41 Stunden

Für 4 Baguettes

FÜR DEN VORTEIG
0,2 g Frischhefe
100 g lauwarmes Wasser
100 g Weizenvollkornmehl

FÜR DEN HAUPTTEIG
gereifter Vorteig
245 g Wasser (225 g plus 20 g)
400 g Weizenmehl Type 550
11 g Salz
4 g Frischhefe

AUSSERDEM
etwas Öl für die Teigwanne
etwas Mehl zum Arbeiten
60 g Wasser zum Schwaden

1 Für den Vorteig die Hefe im Wasser auflösen, das Mehl gut unterrühren und abgedeckt 12 Stunden bei Raumtemperatur reifen lassen.

2 Nach der Reifezeit für den Hauptteig den Vorteig, 225 g Wasser und das Mehl in die Knetschüssel der Küchenmaschine geben. Für 1–2 Minuten verkneten und dann abgedeckt 30 Minuten quellen lassen.

3 Das Salz und die Hefe zufügen und 5–6 Minuten auf erster oder zweiter Stufe kneten. Wenn der Teig sich gut von der Schüsselwand löst, das restliche Wasser (20 g) in kleinen Portionen nach und nach in den Teig einkneten. Den Teig in eine eingeölte Teigwanne legen und abgedeckt 2 Stunden bei Raumtemperatur reifen lassen. Während dieser Zeit einmal dehnen und falten. Dann abgedeckt für 24 Stunden bei 5 °C in den Kühlschrank stellen.

4 Der Teig sollte nach der Reifezeit sehr gut aufgegangen sein und auf der Oberfläche Blasen zeigen. Auf der bemehlten Arbeitsfläche in vier gleich große rechteckige Teiglinge aufteilen, die Teiglinge vorsichtig zu Zylindern aufrollen und 20–30 Minuten entspannen lassen. In dieser Zeit akklimatisiert der Teig.

5 Die Teiglinge straff zu Baguettes von etwa 35–40 cm Länge formen (siehe »Französische Baguettes« Seite 121) und diese mit dem Schluss nach oben 40 Minuten abgedeckt auf einem Bäckerleinen reifen lassen.

6 Während die Teiglinge reifen, den Backofen mit einem Backstein im unteren Bereich für 30–40 Minuten auf 230 °C (Umluft/Heißluft) vorheizen.

7 Die Baguettes mit dem Schluss nach unten auf den Einschießer wenden, einschneiden und sofort auf den Backstein geben. Gut schwaden. Die Temperatur auf 240 °C erhöhen und die Baguettes in 18–20 Minuten schön ausbacken.

48-STUNDEN-BAGUETTES

Bei diesem Rezept wird das Prinzip der langen, kalten Reifung eines Teiges bis an seine Grenzen getrieben. Um einen besonders aromatischen Baguette-Teig zu erreichen, reift der Hauptteig 48 Stunden bei 5 °C im Kühlschrank. Die sich dabei entwickelnden Aromen sind unvergleichlich. Da besonders viele Reizstoffe in dieser Zeit abgebaut werden und besonders wenig Hefe verwendet wird, sind die Baguettes auch sehr bekömmlich. Die lange Gesamtzeit sollte Sie nicht abschrecken, denn die meiste Zeit ruht der Teig im Kühlschrank.

Arbeitszeit: 50 Minuten | Reifezeit: 63 Stunden | Backzeit: 18–20 Minuten
Gesamtzeit: 64 Stunden

Für 3–4 Baguettes

FÜR DEN VORTEIG
0,1 g Frischhefe
75 g Wasser
75 g Weizenmehl Type 550

FÜR DEN HAUPTTEIG
gereifter Vorteig
265 g lauwarmes Wasser
440 g Weizenmehl Type 550
11 g Salz
2 g Frischhefe

AUSSERDEM
etwas Öl für die Teigwanne
etwas Mehl zum Arbeiten
70 g Wasser zum Schwaden

1 Für den Vorteig die Hefe im Wasser auflösen, das Mehl gut unterrühren und abgedeckt 12 Stunden bei Raumtemperatur reifen lassen.

2 Nach der Reifezeit alle Zutaten für den Hauptteig in die Knetschüssel der Küchenmaschine geben und 3–4 Minuten bei langsamer Knetgeschwindigkeit verkneten. Den Teig in eine eingeölte Teigwanne legen und abgedeckt 2 Stunden bei Raumtemperatur reifen lassen. Während dieser Zeit zweimal dehnen und falten. Achten Sie darauf, dass die Wanne groß genug ist, denn der Teig wird sehr gut aufgehen.

3 Dann 48 Stunden bei 5 °C im Kühlschrank reifen lassen.

4 Den Teig anschließend auf der bemehlten Arbeitsfläche vorsichtig in drei bis vier gleich große rechteckige Teiglinge teilen und diese etwas flach drücken. Die Teiglinge vorsichtig zu Zylindern aufrollen und dann 20–30 Minuten entspannen lassen. In dieser Zeit nimmt der Teig wieder etwas die Raumtemperatur an.

5 Die Teigzylinder anschließend straff zu Baguettes formen (siehe »Französische Baguettes« Seite 121) und diese mit dem Schluss nach oben 35 Minuten auf einem Bäckerleinen reifen lassen.

6 Während die Teiglinge reifen, den Backofen mit einem Backstein im unteren Bereich für 30–40 Minuten auf 250 °C (Um-/Heißluft) vorheizen.

7 Die Teiglinge möglichst mithilfe einer Kippdiele (siehe Seite 121) auf dem Einschießer oder einem Blech verteilen, einschneiden und sofort einschießen. Mit 70 g Wasser schwaden und die Backofentür sofort schließen. Die Temperatur auf 235–240 °C reduzieren und die Baguettes in 18–20 Minuten goldbraun backen.

PAIN DE CAMPAGNE

Ein traditionsreiches Brot aus der französischen Handwerksbäckerei. Es handelt sich um ein helleres Weizenmischbrot mit geringem Sauerteigzusatz. Das Brot reift besonders lange im 5 °C kalten Kühlschrank, um die Aromen zu vertiefen. Sie werden erstaunt sein, wie gut so ein helles Brot schmecken kann.

Arbeitszeit: 45 Minuten | Reifezeit: 23 ½–25 ½ Stunden | Backzeit: 60 Minuten
Gesamtzeit: 25 ¼–27 ¼ Stunden

Für ein 1-kg-Gärkörbchen

FÜR DEN SAUERTEIG
25 g Weizenmehl Type 550
25 g lauwarmes Wasser
3 g Sauerteiganstellgut

FÜR DEN HAUPTTEIG
335 g Wasser
gereifter Sauerteig
425 g Weizenmehl Type 550
50 g Weizenvollkornmehl
25 g Roggenmehl Type 1150
3 g Frischhefe
10 g Salz

AUSSERDEM
etwas Mehl zum Arbeiten
70 g Wasser zum Schwaden

1 Alle Zutaten für den Sauerteig gut vermischen und abgedeckt 12 Stunden bei 26–28 °C reifen lassen (zum Beispiel im Backofen mit angeschalteter Lampe).

2 Nach der Reifezeit alle Zutaten für den Hauptteig außer der Hefe und dem Salz in die Knetschüssel der Küchenmaschine geben und verkneten, bis keine Mehlreste mehr zu sehen sind. Den Teig abgedeckt 20 Minuten quellen lassen.

3 Die Hefe in kleinen Stücken zufügen und 4 Minuten auf erster Stufe kneten. Das Salz zugeben und weitere 3–4 Minuten auf zweiter Stufe zu einem glatten, sich bereits etwas von der Schüsselwand lösenden Teig kneten. Diesen abgedeckt 60 Minuten ruhen lassen und dabei alle 20 Minuten dehnen und falten.

4 Den Teig dann auf der bemehlten Arbeitsfläche zunächst locker rund wirken, dann 10 Minuten ruhen lassen. Anschließend lang wirken und leicht bemehlen. Mit dem Schluss nach oben in ein Gärkörbchen mit Bezug legen, mit einer Abdeckhaube gut abdecken und sofort in den 5 °C kalten Kühlschrank geben. 10–12 Stunden im Kühlschrank reifen lassen.

5 Den Backofen mit einem Backstein im unteren Bereich rechtzeitig vor Ende der Reifezeit 30–40 Minuten auf 250 °C (Ober-/Unterhitze) vorheizen.

6 Das Brot direkt aus dem Kühlschrank heraus auf den Einschießer stürzen, rasch zweimal schräg nach Art von Baguettes einschneiden und auf den Backstein befördern. Mit 70 g Wasser schwaden und die Backofentür sofort schließen.

7 Die Temperatur auf 210 °C reduzieren und das Brot in 60 Minuten kräftig braun backen. Direkt nach dem Backen die Teiglinge mit Wasser besprühen.

Die Sauerteigmenge ist sehr gering. Es ist also möglich, den nötigen Sauerteig auch einfach von Ihrem gelagerten Sauerteiganstellgut abzunehmen. Das verkürzt die Gesamtzeit des Rezepts um die Reifezeit des Sauerteigs (12 Stunden).

CIABATTA

Nur selten finden Sie in hiesigen Bäckereien ein Ciabatta, das seinem italienische Original nahekommt. Das »Problem« ist der mit sehr viel Flüssigkeit hergestellte, weiche Teig. Es braucht Erfahrung und Geduld, solche Teige zu handhaben. Lassen Sie sich davon aber nicht abschrecken. Wenn Sie den Flachschlägerhaken in Ihre Küchenmaschine einsetzen und deutlich schneller kneten als gewohnt, wird aus dem sehr flüssigen Teig mit der Zeit ein straffer weicher, der sich vom Schüsselrand löst. Der Clou beim späteren Formen ist, dass die Ciabattas gar nicht bearbeitet werden. Sie werden lediglich von der Teigmasse abgestochen, etwas in Form gebracht und nach der Stückgare so, wie sie sind, gebacken.

Arbeitszeit: 45 Minuten | Reifezeit: 27 ¼ Stunden | Backzeit 20–25 Minuten
Gesamtzeit: 28 ½ Stunden

Für 3 längliche Ciabattas

FÜR DEN TEIG

500 g Weizenmehl Type 405 oder 550
40 g Sauerteiganstellgut (alternativ Fertigsauerteig)
410 g Wasser
4 g Frischhefe
12 g Salz
15 g Olivenöl

AUSSERDEM

etwas Öl für die Teigwanne
etwas Mehl zum Arbeiten
70 g Wasser zum Schwaden

1 Zunächst nur das Mehl, das Sauerteiganstellgut und das Wasser zu einer flüssigen Masse vermengen und abgedeckt 45 Minuten quellen lassen.

2 Die Hefe in kleinen Stückchen sowie das Salz zufügen und mit dem Flachschlägerhaken auf dritter Stufe in 10–15 Minuten zu einem glatten Teig verkneten, der sich von der Schüsselwand löst.

3 Das Olivenöl zufügen und gut in den Teig einarbeiten. In eine rechteckige eingeölte Teigwanne geben und abgedeckt 90 Minuten reifen lassen, dabei nach 45 und nach 90 Minuten dehnen und falten; bei diesem Teig geht das am besten mit angefeuchteten Fingern direkt in der Schüssel. Den Teig für 24 Stunden gut abgedeckt bei 5 °C in den Kühlschrank stellen.

4 Den gereiften Teig auf die gut bemehlte Arbeitsfläche geben und mit einer Teigkarte drei gleich große längliche Stücke abstechen. Diese gut bemehlen und mit bemehlten Händen vorsichtig nebeneinander auf den Einschießer legen. Für eine rechteckige Form die Teigränder etwas unter den Teig schieben. Dann mit einem Bäckerleinen abgedeckt 60 Minuten nachreifen lassen.

5 Während die Teiglinge nachreifen, den Backofen mit einem Backstein im unteren Bereich 30–40 Minuten auf 250 °C (Ober-/Unterhitze) vorheizen.

6 Die Ciabattas vom Einschießer auf den Backstein befördern. Mit 70 g Wasser schwaden und die Backofentür sofort schließen. Die Ciabattas in 20–25 Minuten kräftig dunkelbraun ausbacken.

Achten Sie beim Weizenmehl Type 405 darauf, dass es von hoher Qualität ist und mehr als 10 % Eiweiß enthält. Nur dann ist es hervorragend für dieses Brot geeignet und kommt italienischen Ciabattamehlen nahe.

SCHWÄBISCHE DINKELSEELEN

Mit diesem Rezept können Sie sehr einfach schön knusprige Stangenbrote herstellen, wie sie in Schwaben üblich sind. Der Teig wird mit einer hohen Wassermenge hergestellt, damit die Brote später innen schön saftig sind. Die Besonderheit besteht darin, den Teig nach der Reifezeit auf einer nassen Arbeitsfläche einfach mit den Handkanten in schmale längliche Stücke abzuteilen. Hierdurch entfällt ein Formen des Teigs. Seelen werden sehr heiß und möglichst kurz gebacken, damit sie besonders knusprig werden.

Arbeitszeit: 45 Minuten | Reifezeit: 16–16 ¼ Stunden | Backzeit: 15–25 Minuten | Gesamtzeit: 17–17 ½ Stunden

Für 4–5 Seelen

FÜR DEN SAUERTEIG

100 g Dinkelmehl Type 630
100 g Wasser
10 g Sauerteiganstellgut

FÜR DEN HAUPTTEIG

380–390 g Wasser (340 g plus 40–50 g)
gereifter Sauerteig
350 g Dinkelmehl Type 630
60 g Weizenmehl Type 550
60 g Roggenvollkornmehl
5 g Frischhefe
14 g Salz
20 g weiches Schmalz

AUSSERDEM

etwas Öl für das Gefäß
etwas Wasser zum Arbeiten
Salz, Kümmelsamen oder Saaten zum Bestreuen

1 Für den Sauerteig alle Zutaten gut verrühren und abgedeckt 12 Stunden bei Raumtemperatur reifen lassen.

2 Nach der Reifezeit für den Hauptteig 340 g Wasser, den Sauerteig und die Mehle in die Knetschüssel der Küchenmaschine geben. Die Zutaten 1–2 Minuten verkneten und 30 Minuten abgedeckt quellen lassen.

3 Die Hefe und das Salz zugeben und alles zu einem glatten Teig verkneten, der sich vom Schüsselrand löst; das geht am besten mit dem Flachschläger- oder dem Kuchenteighaken. Das restliche Wasser (40–50 g) esslöffelweise dazugeben und ebenfalls einkneten. Dann das weiche Schmalz in kleinen Stücken zugeben und einkneten. Wenn der Teig sich wieder vollständig vom Schüsselrand löst, diesen für 3 Stunden zur Stückgare in ein eingeöltes Gefäß geben. Währenddessen zweimal dehnen und falten. Der Teig ist weich, bekommt durch das Falten aber einen guten Stand.

4 Am Ende der Stückgare die Arbeitsfläche gut mit Wasser besprühen und den Teig darauf auskippen. Beide Hände befeuchten und mit beiden Handkanten (die Fingerspitzen zeigen aufeinander) etwa 3–4 cm breite Stücke vom großen Teigstück abquetschen (»ausbrechen«). Das geht auch mit einer Teigkarte. Die Teigstücke mit feuchten Händen aufnehmen, auf etwa 35–40 cm lang ziehen und mit etwas Abstand nebeneinander auf ein Backpapier legen. Etwa 30–45 Minuten ruhen lassen. Währenddessen den Backofen mit einem Backstein im unteren Bereich 30–40 Minuten auf 250 °C (Heiß-/Umluft) vorheizen.

5 Die Seelen nach der Ruhezeit nochmals mit Wasser besprühen und mit Salz und Kümmel oder Saaten bestreuen.

6 Das Backpapier mit den Seelen auf den Einschießer ziehen und auf den Backstein befördern. Leicht schwaden und die Temperatur auf 240 °C reduzieren. Je nach gewünschter Bräunung 15–25 Minuten weiterbacken.

Bei der Auswahl der Zutaten zum Aufstreuen können Sie Ihrer Kreativität freien Lauf lassen. Sehr delikat ist zum Beispiel auch die Verwendung von etwas geriebenem Käse.

LA TOURTE DE MEULE

Das folgende Rezept ist ein wirklich klassisches französisches Landbrot, das so oder ähnlich überall in Frankreich verfügbar ist. Dort wird es mit dunklem Weizenmehl T80 gebacken. Hier in Deutschland ersetzen Sie dieses Mehl am besten mit Weizenmehl Type 1050. Es entsteht ein mildsäuerliches Weizenbrot mit großen Poren, eines meiner Lieblingsbrote. Der Sauerteig wird zweistufig geführt und auf diese Weise milder als ein einstufiger Sauerteig. Das Rezept ist zeitlich aufwändig, lohnt aber jede investierte Minute. Setzen Sie den Sauerteig am besten am Vortag nachmittags an und stimmen Sie es zeitlich so ab, dass Sie die zweite Stufe spät abends starten. Dann können Sie am Folgemorgen backen.

Arbeitszeit: 60 Minuten | Reifezeit: 18 ¼–19 ½ Stunden | Backzeit: 60 Minuten
Gesamtzeit: 20 ¼–21 ½ Stunden

Für ein rundes 1,5-kg-Gärkörbchen

FÜR DEN SAUERTEIG

1. STUFE
80 g Weizenmehl Type 1050
80 g warmes Wasser
16 g Sauerteiganstellgut

2. STUFE
80 g Weizenmehl Type 1050
80 g warmes Wasser

FÜR DEN HAUPTTEIG
gereifter Sauerteig
290 g lauwarmes Wasser
480 g Weizenmehl Type 1050
2 g Frischhefe
16 g Salz

AUSSERDEM
etwas Öl für die Teigwanne
etwas Mehl zum Arbeiten
70 g Wasser zum Schwaden

1 Alle Zutaten für den Sauerteig (1. Stufe) gut vermengen und abgedeckt 6 Stunden bei Raumtemperatur reifen lassen. Der Teig sollte als Zeichen seiner Aktivität schon Blasen werfen.

2 Dann die Zutaten für die 2. Stufe zufügen, gut vermengen und abgedeckt weitere 9–10 Stunden bei Raumtemperatur reifen lassen. Danach sollte sich das Teigvolumen deutlich vergrößert haben, es sollten Blasen auf der Oberfläche zu sehen sein.

3 Für den Hauptteig den Sauerteig, das Wasser und das Mehl in die Knetschüssel der Küchenmaschine geben. Mit einem Rührlöffel vermengen und 30 Minuten ruhen lassen.

4 Die Hefe und das Salz zugeben und 3 Minuten langsam unter kneten. Den Teig dann abgedeckt bei Raumtemperatur für 2 Stunden in eine eingeölte Teigwanne geben. Direkt am Anfang, nach 30 und nach 60 Minuten dehnen und falten.

5 Der Teig sollte danach eine sehr gute Kleberentwicklung und viele Luftblasen zeigen. Den Teig auf der bemehlten Arbeitsfläche gut bemehlen und schonend, aber straff rund wirken. Mit dem Schluss nach oben 50–60 Minuten abgedeckt im Gärkörbchen bei Raumtemperatur gehen lassen.

6 Während der Teig geht, den Backofen mit einem Backstein im unteren Bereich mindestens 30–40 Minuten auf 240 °C (Ober-/Unterhitze) vorheizen.

7 Das Brot auf den Einschießer kippen, einschneiden und direkt auf den Backstein schieben. Mit 70 g Wasser schwaden und die Ofentür sofort schließen. Die Temperatur auf 210 °C reduzieren und das Brot in 60 Minuten kräftig dunkelbraun backen.

Probieren Sie das Rezept unbedingt einmal mit dem französischen Original-Mehl aus. Dann müssen Sie allerdings etwas mehr Wasser zum Hauptteig geben, die französischen Mehle sind oft kleberreicher und binden mehr Wasser.

SÜSSE VERSUCHUNGEN

BERLINER BALLEN

Neben all den gesunden Broten darf es auch einmal etwas Süßes und Reichhaltiges geben. Berliner Ballen sind ein leckeres Fettgebäck, das sich landauf landab nicht nur während der Karnevalszeit großer Beliebtheit erfreut. Der Teig ist vergleichsweise weich und braucht bei der Formung etwas Übung. Doch Sie werden mit extra lockeren und hocharomatischen Berlinern belohnt, die um Längen besser schmecken als aus manchen Bäckereien. Wenn Sie es mit dem Genuss nicht übertreiben, dann braucht auch kein schlechtes Gewissen aufkommen.

Arbeitszeit: 60 Minuten | Reifezeit: 14 Stunden | Backzeit: 6–8 Minuten pro Portion
Gesamtzeit: 15 ½ Stunden

Für 12 Berliner

FÜR DEN VORTEIG
0,2 g Frischhefe
110 g lauwarmes Wasser
110 g Weizenmehl Type 550

FÜR DEN HAUPTTEIG
gereifter Vorteig
390 g Weizenmehl Type 550
65 g Vollmilch (3,5 % Fettgehalt)
2 kalte Eier
2 kalte Eigelb
15 g Frischhefe
7 g Salz
Abrieb einer halben unbehandelten Zitrone
Mark einer ganzen Vanilleschote
40 g kalte Butter
60 g Zucker

AUSSERDEM
etwas Mehl zum Arbeiten
neutrales Pflanzenöl zum Frittieren
etwas Zucker zum Wälzen

1 Für den Vorteig die Hefe im Wasser auflösen, das Mehl unterrühren und den Vorteig abgedeckt 12 Stunden bei Raumtemperatur reifen lassen.

2 Nach der Reifezeit alle Zutaten für den Hauptteig bis auf die Butter und den Zucker in die Knetschüssel der Küchenmaschine geben. Anfangs bei langsamer Geschwindigkeit 4–5 Minuten kneten, dann auf der zweiten Stufe portionsweise die Butter einarbeiten. Dabei immer wieder esslöffelweise den Zucker zugeben. Der Teig sollte gründlich ausgeknetet werden und sich vollständig von der Schüsselwand lösen. Den Teig abgedeckt bei Raumtemperatur 60 Minuten ruhen lassen.

3 Dann den Teig auf der bemehlten Arbeitsfläche flach drücken und in zwölf Teiglinge à 75 g teilen. Diese rund wirken und mit dem Schluss nach unten auf ein Bäckerleinen legen. Die Teiglinge abgedeckt 60 Minuten bei Raumtemperatur reifen lassen.

4 Einen großen Topf mit ausreichend Frittierfett aufheizen. Das Fett sollte eine Temperatur von 160–170 °C haben. Die Temperatur mit einem Thermometer kontrollieren und einen Testballen backen. Falls er zu schnell bräunt, muss die Temperatur etwas reduziert werden.

5 Portionsweise die Ballen mithilfe eines metallenen Schaumlöffels vorsichtig in das Fett gleiten lassen. Sie sollten sofort aufschwimmen und nicht komplett eintauchen. 3–4 Minuten von jeder Seite ausbacken, auf diese Weise entsteht der sogenannte »Kragen«, der helle Rand in der Mitte.

6 Die fertigen Ballen auf einem Rost abtropfen und auskühlen lassen, danach in Zucker wälzen.

Die flüssigen Zutaten sollten möglichst kalt verwendet werden, da der Teig recht lange geknetet werden muss. Dann wird er nicht zu warm. Diese Berliner können mit den verschiedensten Crèmes oder klassisch mit Konfitüre gefüllt werden. Auch bei der äußeren Dekoration sind der Kreativität keine Grenzen gesetzt.

MÜNSTERLÄNDER STRUWEN

Hier bei uns im Münsterland sind »Struwen« eine klassische Karfreitags-Speise. Es handelt sich um ein süßes Hefegebäck mit Rosinen, das in der Pfanne in Fett ausgebacken wird. Da die klassischen Struwenteig-Rezepte vor Hefe nur so strotzen, habe ich vor Längerem ein eigenes Rezept entwickelt, das mit deutlich weniger Hefe auskommt. Dafür entwickelt sich ein viel intensiverer Geschmack. Der Teig ist sehr weich, damit die Struwen später schön saftig werden. Trotzdem ist das kein Problem, da die Teigstücke lediglich mit zwei Löffeln aus der Schüssel gehoben und dann direkt in der Pfanne ausgebacken werden. Uns schmecken sie nicht nur an Karfreitag.

Arbeitszeit: 55 Minuten | Reifezeit: 13–20 Stunden | Backzeit: 6–10 Minuten pro Struwe
Gesamtzeit: 14 ¼–21 ½ Stunden

Für 15–16 Struwen

FÜR DEN POOLISH
110 g Weizenmehl Type 550
110 g Vollmilch (3,5 % Fettgehalt)
1 g Frischhefe

FÜR DAS ROSINEN-QUELLSTÜCK
250 g Rosinen
100 g warme Vollmilch (3,5 % Fettgehalt)

FÜR DEN HAUPTTEIG
gereifter Poolish
390 g Weizenmehl Type 550
290 g kalte Vollmilch (3,5 % Fettgehalt)
2 Eier
5 g Frischhefe
30 g Zucker
10 g Salz
vorbereitetes Rosinen-Quellstück

AUSSERDEM
neutrales Pflanzenöl zum Frittieren
Zucker oder Zimtzucker zum Bestreuen

1 Für den Poolish die Zutaten gut verrühren und 1–2 Stunden bei Raumtemperatur reifen lassen, dann für 10–16 Stunden in den Kühlschrank stellen.

2 Für das Rosinen-Quellstück die Rosinen etwa 2 Stunden in der warmen Milch einweichen.

3 Nach der Reifezeit des Poolish alle Zutaten für den Hauptteig bis auf das Rosinen-Quellstück in die Knetschüssel geben. Den Flachschläger- oder den Kuchenteighaken einsetzen und die Zutaten zunächst auf niedrigster Stufe vermischen. Sobald ein weicher Teig entstanden ist, die Geschwindigkeit erhöhen und so lange rühren, bis sich der Teig komplett von der Schüsselwand löst.

4 Nun die eingeweichten Rosinen gut abtropfen lassen und vorsichtig unterheben. Den Teig abgedeckt für 2 Stunden reifen lassen. Er sollte in dieser Zeit sein Volumen deutlich vergrößern.

5 Nach der erneuten Reifezeit reichlich Öl in einer Pfanne erhitzen. Die Pfanne muss so hoch mit Öl gefüllt sein, dass die Teiglinge im Fett schwimmend ausgebacken werden können. Dabei achtgeben, dass es nicht zu heiß wird, da die Struwen recht schnell bräunen.

6 Mithilfe zweier Esslöffel jeweils eine esslöffelgroße Portion Teig aus der Schüssel heben, in das heiße Fett legen und etwas flach drücken. Das geht besonders gut, wenn die Löffel mit Öl benetzt sind. Die Teiglinge nacheinander von beiden Seiten 3–5 Minuten ausbacken. Darauf achten, dass sie nicht zu dunkel werden.

7 Nach dem Backen mit Zucker oder Zimtzucker bestreuen und erkalten lassen. Möglichst frisch genießen.

HEFEZOPF

Ein feiner Hefezopf gehört zu den höchsten Genüssen auf einer Frühstückstafel. Mit dem vorliegenden Rezept wird Ihnen einer der besten Zöpfe gelingen, den Sie je gegessen haben. Durch den Weizensauerteig bekommt er sein besonderes Aroma, das Sie, wenn überhaupt, nur selten in vergleichbaren Produkten aus der Bäckerei finden werden. Auch in diesem Rezept können Sie den Sauerteig, wenn Sie keinen eigenen haben, durch Fertigsauerteig ersetzen. Der Zopf wird dann aber etwas säuerlicher schmecken.

Arbeitszeit: 50 Minuten | Reifezeit: 15 ½ Stunden | Backzeit: 30 Minuten
Gesamtzeit: 17 Stunden

Für 2 Zöpfe

FÜR DEN SAUERTEIG
50 g lauwarmes Wasser
50 g Weizenmehl Type 550
5 g Sauerteiganstellgut

FÜR DEN HAUPTTEIG
gereifter Sauerteig
440 g Weizenmehl Type 550
220 g Vollmilch (3,5 % Fettgehalt)
1 Eigelb
8 g Salz
8 g Frischhefe
1 Msp. gemahlene Koriandersamen
1 Msp. gemahlene Anissamen
Abrieb einer halben unbehandelten Zitrone
80 g Butter
45 g Zucker

AUSSERDEM
etwas Mehl zum Arbeiten
1 Eigelb plus 1 EL Wasser zum Bestreichen

1 Alle Zutaten für den Sauerteig gut verrühren und abgedeckt 12 Stunden bei Raumtemperatur reifen lassen.

2 Für den Hauptteig alle Zutaten außer der Butter und dem Zucker in die Knetschüssel der Küchenmaschine geben. Anfangs 6–7 Minuten bei langsamer Geschwindigkeit kneten, dann etwas schneller und portionsweise die Butter einarbeiten. Sobald diese untergeknetet ist, löffelweise den Zucker unterkneten. Den Teig noch mindesten 2–3 Minuten weiterkneten und dann abgedeckt 2 Stunden bei Raumtemperatur ruhen lassen.

3 Anschließend den Teig auf der bemehlten Arbeitsfläche in vier Teiglinge à 225 g teilen. Diese zylindrisch vorformen, 15 Minuten ruhen lassen und dann zu langen, dünnen Strängen von 50 cm Länge ausrollen. Nach dem Ausrollen die Stränge etwas bemehlen und jeweils zwei locker zu einem hohen Zweistrang-Zopf flechten.

4 Die Teiglinge abgedeckt 80 Minuten bei Raumtemperatur auf einem mit Backpapier bedeckten Backblech reifen lassen, bis sie gut aufgegangen sind. Das Eigelb mit dem Esslöffel Wasser verquirlen und die Zöpfe zweimal damit einpinseln.

5 Während die Teiglinge reifen, den Backofen mit einem Backstein im unteren Bereich 30–40 Minuten auf 210 °C (Heißluft/Umluft) vorheizen.

6 Das Backblech ohne Dampf auf den Backstein befördern und die Zöpfe etwa 30 Minuten backen. Darauf achten, dass die Zöpfe nicht zu dunkel werden. Nach dem Backen für einen schönen Glanz sofort mit etwas Wasser besprühen.

Die gesamte Teigmenge kann auch in 3 Teile geteilt werden und dann zu einem Dreistrangzopf geflochten werden.

1
2
3
4
5
6

MÜHLEN-ROSINENBRÖTCHEN

Ich backe seit mehreren Jahren anlässlich eines jährlich am Deutschen Mühlentag an der stillgelegten Wassermühle meines Heimatortes stattfindenden kleinen Volksfestes Brot in einem Holzbackofen. Der Tradition entsprechend gehören auch Rosinenbrötchen zum Angebot. Hierfür habe ich das folgende Rezept entwickelt. Mit ihm gelingt es, delikate und fluffig-weiche Milchbrötchen mit Rosinen zu backen. Wenn Sie aus gesundheitlichen oder diätetischen Gründen auf Zucker, Milch und Butter verzichten möchten, dann können sie andere Süßungsmittel wie z.B. Stevia verwenden. Statt Milch kann auch Mandelmilch verwendet werden und statt Butter auch Margarine.

Arbeitszeit: 50 Minuten | Reifezeit: 14 ¼–14 ¾ Stunden | Backzeit: 20 Minuten
Gesamtzeit: 15 ½–16 Stunden

Für 11 Brötchen

FÜR DEN SAUERTEIG
100 g Weizenmehl Type 550
50 g Wasser
10 g Sauerteiganstellgut

FÜR DAS ROSINEN-QUELLSTÜCK
140 g Rosinen
100 g Vollmilch (3,5 % Fettgehalt)

FÜR DEN HAUPTTEIG
gereifter Sauerteig
505 g Weizenmehl Type 550
370 g Vollmilch (3,5 % Fettgehalt)
1 Eigelb
15 g Zucker
10 g Salz
8 g Frischhefe
40 g Butter
vorbereitetes Rosinen-Quellstück

AUSSERDEM
etwas Mehl zum Arbeiten
etwas Milch zum Bestreichen

1 Alle Zutaten für den Sauerteig gründlich verkneten und abgedeckt 12 Stunden bei Raumtemperatur reifen lassen.

2 Für das Rosinen-Quellstück die Rosinen waschen, in der Milch einlegen und abgedeckt mindestens 2 Stunden quellen lassen. Der Schritt kann auch gemeinsam mit dem Sauerteig-Ansatz erfolgen. Dann sollte das Quellstück aber im Kühlschrank aufbewahrt werden, damit die Milch nicht sauer wird. Vor der Weiterverwendung die Rosinen in ein Sieb gießen und gut abtropfen lassen.

3 Nach der Reifezeit alle Zutaten für den Hauptteig außer der Butter und dem Rosinen-Quellstück in die Knetschüssel der Küchenmaschine geben. Anfangs 3 Minuten langsam, dann 3–4 Minuten bei nächsthöherer Geschwindigkeit kneten. Danach die Butter stückweise einkneten. Die Geschwindigkeit verlangsamen und das Rosinen-Quellstück vorsichtig unterarbeiten. Den Teig abgedeckt 60–90 Minuten ruhen lassen.

4 Den Teig nach der Teigruhe auf der bemehlten Arbeitsfläche in elf Teiglinge à 90 g teilen, diese rund wirken, auf ein mit Backpapier belegtes Backblech legen und abgedeckt 70–80 Minuten reifen lassen.

5 Während die Teiglinge reifen, den Backofen mit einem Backstein im unteren Bereich 30–40 Minuten auf 220 °C (Heißluft/Umluft) vorheizen.

6 Die gereiften Teiglinge mit Milch bestreichen und das Blech auf den Backstein befördern. Die Temperatur auf 200 °C reduzieren und die Brötchen etwa 20 Minuten backen. Achtung: Durch den Milch- und Zuckeranteil können die Brötchen schnell zu braun werden. Nach dem Backen mit Wasser besprühen.

Dieses Rezept kann auch sehr gut ohne Sauerteig hergestellt werden, indem Sie statt des festen Sauerteigs einen festen Hefevorteig machen. Statt des Sauerteiganstellguts wird 1 g Hefe zum Vorteig gegeben. Dann wie beschrieben reifen lassen.

STUTENKERL

Ein selbst gemachter Stutenkerl oder auch Weckmann ist in der Vorweihnachtszeit ein wunderschönes Geschenk für Kinder. Bei diesem Rezept dienen geriebene rohe Kartoffeln einerseits als interessanter Aromageber. Andererseits wird der Teig durch ihre Zugabe saftiger, als es bei gekauften Stutenkerlen üblich ist.

Arbeitszeit: 50 Minuten | Reifezeit: 26 ¼–50 ½ Stunden | Backzeit: 20 Minuten
Gesamtzeit: 27 ½–51 ¾ Stunden

Für 3 Stutenkerle

FÜR DEN VORTEIG

105 g Wasser
175 g Weizenmehl Type 550
2 g Salz
2 g Frischhefe

FÜR DEN HAUPTTEIG

gereifter Vorteig
150 g kalte Vollmilch (3,5 % Fettgehalt)
80 g geschälte und fein geriebene rohe Kartoffeln
1 kaltes Eigelb
350 g Weizenmehl Type 550
10 g Frischhefe
8 g Salz
Abrieb einer halben unbehandelten Zitrone
85 g kalte Butter
90 g Zucker

AUSSERDEM

etwas Mehl zum Arbeiten
eingeweichte Rosinen sowie 3 Tonpfeifen zur Dekoration
1 Eigelb plus etwas Wasser zum Bestreichen

1 Für den Vorteig das Wasser auf 40 °C temperieren, das Mehl und das Salz untermischen und die Hefe darüber bröseln. Die Mischung auf der Arbeitsfläche von Hand 2 Minuten zu einem homogenen handwarmen Teig verkneten und diesen zu einer Kugel formen. Die Teigkugel abgedeckt für mindestens 24 bis zu 48 Stunden bei 5 °C im Kühlschrank reifen lassen.

2 Nach der Reifezeit alle Zutaten für den Hauptteig außer der Butter und dem Zucker 4 Minuten in der Knetschüssel der Küchenmaschine zu einem homogenen, festen Teig verkneten. Dann bei langsamer Knetgeschwindigkeit abwechselnd die Butterstücke und den Zucker esslöffelweise zugeben und jeweils 1–2 Minuten unterkneten. Dies wiederholen, bis die gesamte Butter- und Zuckermenge vom Teig aufgenommen wurde. Gegen Ende kann die Knetgeschwindigkeit auf zweite Stufe erhöht werden. Sobald ein glatter Teig entstanden ist, der sich von der Schüssel ablöst, den Teig abgedeckt 60 Minuten bei Raumtemperatur reifen lassen.

3 Auf der bemehlten Arbeitsfläche den Teig in drei Teiglinge à 350–360 g teilen. Die Teiglinge zu Zylindern vorformen und 10 Minuten entspannen lassen.

4 Nun etwas flach drücken und zu etwa 30 cm langen Strängen ausformen. Zur Formung des Kopfs mit der Handkante ein Teigstück fast vollständig abstechen, sodass nur ein dünner Teigstreifen dazwischen bleibt. »Arme« und »Beine« mit einer Teigkarte vom Strang abstechen. Eine weiße Tonpfeife auflegen und den rechten »Arm« darüberlegen. Mit den eingeweichten Rosinen dekorieren. Die Stutenkerle abgedeckt auf einem mit Backpapier belegten Backblech 70–80 Minuten aufgehen lassen.

5 Das Eigelb mit etwas Wasser verquirlen und die Stutenkerle damit bestreichen. Im auf 200 °C vorgeheizten Backofen (Heißluft/Umluft) mit einem Backstein im unteren Bereich 20 Minuten backen. Nach dem Backen für einen schönen Glanz mit Wasser besprühen.

Die Knetzeit bei diesem Rezept ist relativ lang, deshalb sollten die verwendeten Zutaten wie Vorteig, Butter, Eigelb, Milch möglichst kühl verarbeitet werden. Für die Formung des Stutenkerls ist folgendes Video sicher hilfreich: https://youtu.be/kkXI7KZLF88

BUTTER-CROISSANT

Ich gebe zu, dass ich lange gezögert habe, dieses herausfordernde Rezept ins Buch zu nehmen. Einerseits erfordern die Arbeitsschritte etwas Übung. Doch andererseits ist es eine großartige Erfahrung, Plunderteig selbst herzustellen. Und geschmacklich sind diese selbst gemachten Croissants einfach umwerfend gut.

Arbeitszeit: 75 Minuten | Reifezeit: 15 Stunden | Backzeit: 18–20 Minuten
Gesamtzeit: 16 ½ Stunden

Für 12 kleine Croissants

FÜR DEN TEIG
225 g Weizenmehl Type 550
225 g Dinkelmehl Type 630
100 g Vollmilch (3,5 % Fettgehalt)
165 g Wasser
1 Eigelb
35 g Zucker
8 g Salz
10 g Frischhefe
30 g Butter

AUSSERDEM
etwas Öl für die Schüssel
250 g Butter für die Butterplatte
etwas Mehl zum Arbeiten
1 Eigelb und 2 EL Wasser zum Bestreichen

Auf den Seiten 150/151 finden Sie als Hilfestellung die bebilderte Anleitung zur Herstellung des Teiges und der Croissants.

1 Alle Zutaten für den Teig in die Knetschüssel der Küchenmaschine geben und etwa 3 Minuten langsam, dann 3–4 Minuten bei höherer Geschwindigkeit zu einem glatten Teig kneten. Den Teig abgedeckt 12 Stunden in einer eingeölten Schüssel im Kühlschrank ruhen lassen.

2 Für die Butterplatte die Arbeitsfläche mit Kühlakkus in etwa 10 Minuten abkühlen.

3 Die Butter für die Butterplatte (250 g) zwischen zwei Frischhaltefolien auf der kalten Arbeitsfläche zu einem Rechteck ausrollen und nochmals kurz kalt stellen.

4 Den Croissant-Teig auf der bemehlten, kühlen Arbeitsfläche etwa auf die doppelte Größe der Butterplatte ausrollen. Die Butterplatte auflegen und den Teig darüber klappen. Die Ränder gut andrücken und Teigüberhänge möglichst gerade abstechen, sodass ein Rechteck entsteht.

5 Für die erste Tour den Teig auf der kühlen, bemehlten Arbeitsfläche mit dem Rollholz bis zu einer Dicke von 1 cm länglich ausrollen. Eine kurze Seite des Teigrechtecks ein Drittel nach innen falten (wie bei einem Geschäftsbrief) und die gegenüberliegende Seite darüber klappen. Beim Ausrollen möglichst gleichmäßig und nicht zu fest andrücken, sonst reißt der Teig oder die Butterschichten gehen verloren.

6 Wenn der Teig noch elastisch genug ist, dann sofort für die zweite Tour den Teig wieder zu einem Rechteck mit einer Dicke von 1 cm ausrollen, wie oben beschrieben falten und den Teig in Frischhaltefolie gewickelt 30 Minuten im Kühlschrank ruhen lassen. Sollte der Teig zu sehr gegen das Ausrollen ankämpfen, dann in Frischhaltefolie einwickeln und vor der zweiten Tour 30–40 Minuten im Kühlschrank ruhen lassen.

7 Für die dritte Tour den Teig nach der erneuten Kühlzeit auf der kühlen Arbeitsfläche wieder zu einem Rechteck ausrollen und zum dritten Mal wie oben beschrieben falten. Den Teig wieder in Frischhaltefolie einwickeln und etwa 30 Minuten im Kühlschrank ruhen lassen.

8 Den gekühlten Teig auf der bemehlten Arbeitsfläche länglich etwa 5–7 mm dünn ausrollen. Mit einem langen Messer oder einer scharfen Teigkarte spitzwinklige Dreiecke ausstechen, an der Basis der Dreiecke in der Mitte einen senkrechten, etwa 1 cm langen Einschnitt machen. Diesen etwas auseinanderziehen und die Teiglinge von der Basis her straff aufrollen.

9 Die Croissant-Teiglinge auf ein Backblech mit Backpapier legen, dieses gut abdecken und die Teiglinge 2 Stunden bei Raumtemperatur aufgehen lassen.

10 Währenddessen den Backofen mit einem Backstein im unteren Bereich 30–40 Minuten auf 210 °C (Heißluft-/Umluft) vorheizen.

11 Zum Bestreichen 1 Eigelb mit 2 EL Wasser verquirlen und die Croissants nach der Teigruhe damit bestreichen. Das Blech mit den Croissants ohne Schwaden auf den Backstein befördern, die Temperatur auf 190°C reduzieren und die Croissants 18–20 Minuten backen.

Plunderteig ist ein Teig mit dünnen Butterschichten dazwischen. Hierzu wird eine Butterplatte in den Teig eingeschlagen und der Teig mehrfach gefaltet und wieder ausgerollt. Dies wird »Tourieren« genannt. Um den Teig gut dehnbar zu machen, wird er zur Hälfte aus Dinkelmehl hergestellt. Dinkel hat nämlich einen elastischeren Kleber als Weizen. Wichtig ist, auf die perfekte Temperatur (kühle 10–16 °C) zu achten. Darunter wird die Butter zu fest und darüber kann sie schon zu weich werden.

1
2
3
4
5
6
7
8
9

10
11
12
13
14
15
16
17

SÜSSE FOCACCIA

Mit diesem Rezept backen Sie einmal einen etwas anderen Kuchen. Letztlich handelt es sich um einen süßen Focacciateig, der mit einer Sahne-Eimasse, Konfitüre und Früchten belegt wird. Ein solches Gebäck findet man, wenn überhaupt, selten in Deutschland. Kennengelernt habe ich es beim Backkurs von Josep Pascual, einem spanischen Meisterbäcker. Seien Sie vorsichtig: Wenn Sie einmal beginnen, davon zu naschen, können Sie nicht mehr aufhören.

Arbeitszeit: 60 Minuten | Reifezeit: 15–15 ¾ Stunden | Backzeit: 25–30 Minuten
Gesamtzeit: 16 ½ – 17 ¼ Stunden

Für 1 Backblech

FÜR DEN SAUERTEIG
105 g Wasser
105 g Weizenmehl Type 1050
10 g Sauerteiganstellgut

FÜR DEN QUELLTEIG
gereifter Sauerteig
420 g kaltes Wasser
690 g Weizenmehl Type 550

FÜR DEN HAUPTTEIG
25 g Butter
50 g Zucker oder flüssiger Honig
14 g Salz
5 g Frischhefe
70 g Wasser

FÜR DEN BELAG
100 g flüssige Sahne
2 Eier (Gewichtsklasse M)
200 g Konfitüre (z.B. Aprikose oder Himbeere)
frische Früchte oder Fruchtstücke (optional)

AUSSERDEM
etwas Öl für die Teigwanne
Zucker oder brauner Rohrzucker zum Bestreuen

1 Für den Sauerteig das Wasser auf 40 °C temperieren und die restlichen Zutaten unterrühren. Der Sauerteig abgedeckt 12 Stunden bei 26–28 °C (zum Beispiel im Backofen mit angeschalteter Lampe) reifen lassen.

2 Für den Quellteig den Sauerteig, das Wasser und das Weizenmehl in die Knetschüssel der Küchenmaschine geben und 1–2 Minuten klümpchenfrei verkneten. Den Teig abgedeckt 30–45 Minuten quellen lassen.

3 Anschließend die Zutaten für den Hauptteig außer dem Wasser zufügen und 5–6 Minuten schnell kneten, bis sich der Teig vollständig vom Schüsselrand löst. Dann portionsweise das Wasser (70 g) in den Teig einkneten. Dabei immer wieder warten, bis der Teig das Wasser aufgenommen hat. Sobald sich der Teig vollständig von der Schüsselwand löst und schön glatt ist, diesen abgedeckt 2 ½–3 Stunden in einer eingeölten Teigwanne reifen lassen. Nach einer Stunde einmal dehnen und falten.

4 Wenn sich das Teigvolumen verdoppelt bis verdreifacht hat und schöne Blasen ausbildet sind, den Teig auf ein Backblech mit Backpapier kippen.

5 Für den Belag die Sahne mit den Eiern verquirlen und portionsweise auf den Teig löffeln. Mit den Fingerspitzen die Masse vorsichtig in den Teig massieren. Dabei gleichzeitig den Teig flächig auf dem Backblech ausbreiten. Es sollten aber nicht zu viele Gärblasen herausgedrückt werden.

6 Mit der gut durchgerührten Konfitüre genauso verfahren. Nach Belieben können noch frische Früchte oder Fruchtstücke auf dem Teig verteilt werden. Die Focaccia 30–45 Minuten reifen lassen.

7 Während die Focaccia reift, den Backofen mit einem Backstein im unteren Bereich 30–40 Minuten auf 210 °C (Ober-/Unterhitze) vorheizen.

8 Die gereifte Foccacia mit Zucker bestreuen und das Blech auf den Backstein befördern. Die Temperatur auf 180–190 °C reduzieren und die Focaccia ohne Schwaden 25–30 Minuten backen. Darauf achten, dass der Teig nicht zu stark bräunt.

CHRISTSTOLLEN

Was gibt es in der Weihnachtszeit Traditionelleres, als einen schönen saftigen Christstollen? Wir lassen den Brotdoktor jetzt mal beiseite, denn in dieses Gebäck kommen so viele nahrhafte Zutaten, dass es frech wäre, einen Gesundheitsaspekt dabei zu suchen. Doch deswegen essen wir Stollen ja nicht jeden Tag, sondern nur in der schönsten Zeit des Jahres. Nehmen Sie sich für dieses aufwändige Rezept viel Zeit, denn ein guter Stollen braucht diese Zeit. Besorgen Sie sich gute Zutaten. Ihre Familie wird es Ihnen mit großem Lob danken.

Arbeitszeit: 90 Minuten | Reifezeit: 8 Stunden | Backzeit: 70 Minuten
Gesamtzeit: 10 ¾ Stunden

Für einen Christstollen

FÜR DAS QUELLSTÜCK
40 g Korinthen
120 g Sultaninen
je 40 g Orangeat und Citronat
45 g Rum (54 % vol.)

FÜR DEN VORTEIG
65 g Weizenmehl Type 550
65 g Vollmilch (3,5 % Fettgehalt)
1 g Frischhefe

FÜR DEN HAUPTTEIG
gereifter Vorteig
225 g Weizenmehl Type 550
50 g Vollmilch (3,5 % Fettgehalt)
50 g Eigelb
4 g Salz
15 g Frischhefe
Abrieb von 1 kleinen, unbehandelten Orange
Mark von 1 Vanilleschote
1 gestrichener EL Stollengewürz
130 g kalte Butter
60 g Zucker
vorbereitetes Quellstück
50 g leicht geröstete, gehackte Mandelkerne

FÜR DEN ZUCKERMANTEL
150 g Butterschmalz, zerlassen
Zucker

AUSSERDEM
etwas Mehl zum Arbeiten
50 g Wasser zum Schwaden
Puderzucker zum Bestauben

1 Für das Quellstück alle Zutaten in einer Schüssel vermischen und mit heißem Wasser bedecken. Abgedeckt über Nacht durchziehen lassen. Am Backtag alle Zutaten für den Vorteig gut vermischen und abgedeckt bei Raumtemperatur 6 Stunden reifen lassen. Das Quellstück in einem Sieb abtropfen und auf einem Backblech ausgebreitet 3–4 Stunden antrocknen lassen.

2 Für den Hauptteig alle Zutaten außer der Butter, dem Zucker, dem Quellstück und den Mandeln in der Küchenmaschine 5 Minuten langsam zu einem festen Teig verkneten. Bei Bedarf etwas Milch nachgeben. Der Teig muss relativ fest sein.

3 Die Butter in drei Portionen bei langsamer Knetgeschwindigkeit in bis zu 15 Minuten einkneten. Dann esslöffelweise den Zucker einkneten und den Teig vorsichtig auskneten. Abgedeckt bei Raumtemperatur 40 Minuten ruhen lassen. Der Teig geht nur wenig auf. Nach der Teigruhe die Mandeln und das Quellstück zum Teig geben und 1–2 Minuten vorsichtig einarbeiten.

4 Den Teig auf der bemehlten Arbeitsfläche vorsichtig rund wirken und lang formen. In einem bemehlten Gärkörbchen mit dem Schluss nach oben abgedeckt mindestens 60–80 Minuten reifen lassen, bis sich das Teigvolumen deutlich vergrößert hat. Währenddessen den Backofen mit einem Backstein im unteren Bereich 30–40 Minuten auf 190 °C (Ober-/Unterhitze) vorheizen.

5 Den aufgegangenen Stollen auf ein Backblech mit Backpapier stürzen. Mit einer scharfen Klinge längs 1 cm tief einschneiden. Einschießen und mit 50 g Wasser schwaden. 10 Minuten backen, dann durch Öffnen der Ofentür den Dampf ablassen (Vorsicht vor dem heißen Dampf!). Bei 160 °C in 60 Minuten mittelbraun ausbacken. Anschließend 20 Minuten lauwarm abkühlen lassen.

6 Für den Zuckermantel den noch warmen Stollen von allen Seiten großzügig mit Butterschmalz einpinseln und großzügig Zucker darüberstreuen. Vorgang einmal wiederholen, bis der Stollen kräftig ummantelt ist, dann vollständig auskühlen lassen.

7 Mit Puderzucker bestauben und mindestens einen Tag (besser eine Woche) fest in Frischhaltefolie gewickelt reifen lassen. Anschließend in Alufolie gewickelt aufbewahren.

Verdoppeln Sie die Mengen und machen gleich zwei Stollen, es lohnt sich. Wenn Sie Marzipan mögen, dann formen Sie aus Rohmarzipan eine längliche Rolle und wickeln diese in den Stollenteig ein, bevor Sie ihn im Gärkörbchen reifen lassen.

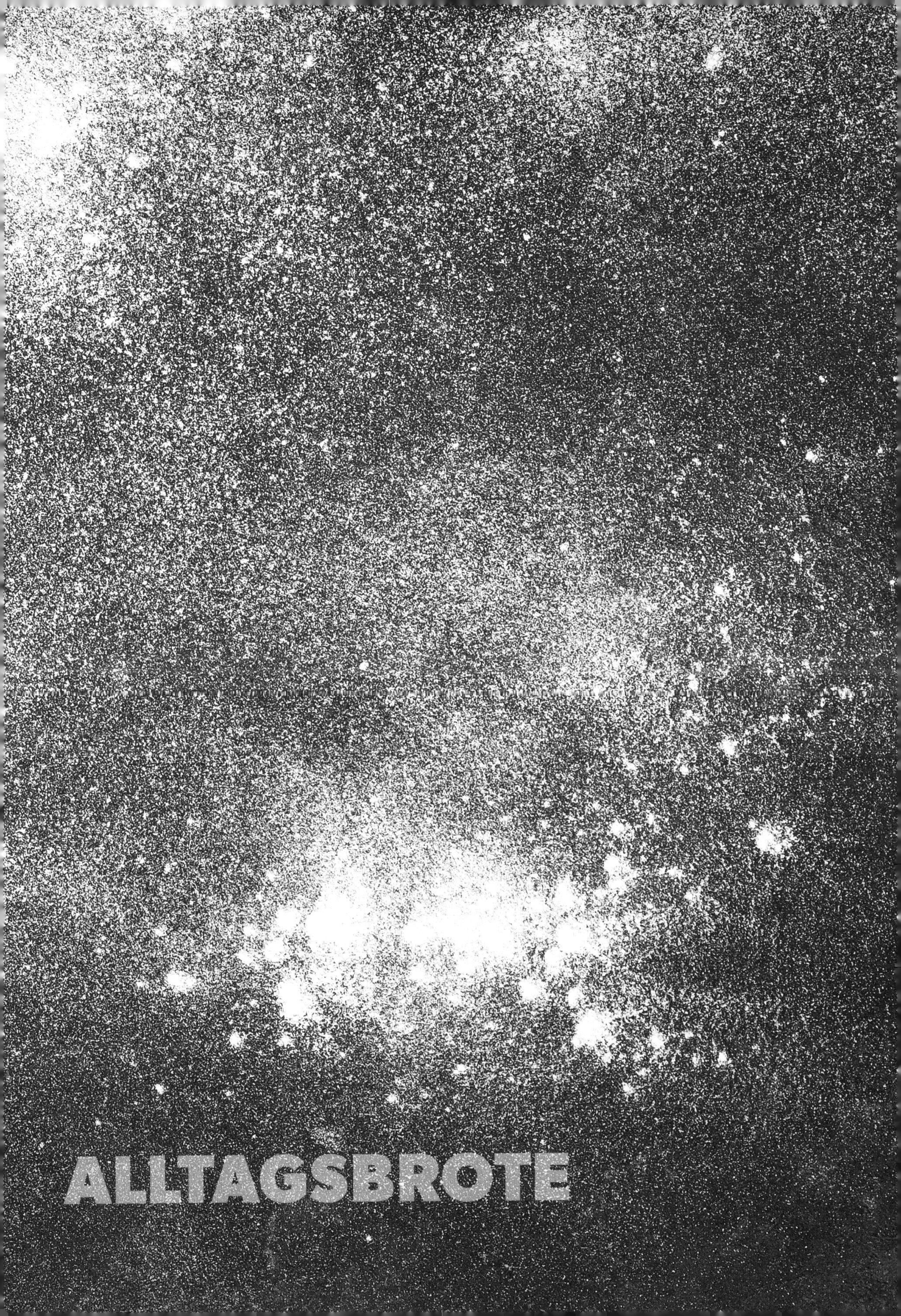

ALLTAGSBROTE

DINKELBROT FÜR EVA

Dies ist ein sehr beliebtes Dinkelbrotrezept aus meinem Blog. Entwickelt habe ich es für Eva, eine Freundin, die Brot aus Weizenmehl nicht gut verträgt. Das Brot bekommt eine besondere Saftigkeit durch die Zugabe gekochter Dinkelkörner. Ein Saaten-Brühstück bringt zusätzlich kernige Aromen in den Teig. Erschrecken Sie nicht wegen der vielen Zutaten, Vorteige und Quellstücke. Es sieht zwar nach großem Aufwand aus, aber jeder dieser Arbeitsschritte ist sinnvoll und trägt zu einem vorzüglichen Ergebnis bei.

Arbeitszeit: 45 Minuten | Reifezeit: 14 ¼ Stunden | Backzeit: 60 Minuten
Gesamtzeit: 16 Stunden

Für eine 1-kg-Kastenform

FÜR DEN SAUERTEIG
115 g Dinkelvollkornmehl
115 g warmes Wasser
12 g Sauerteiganstellgut
1,5 g Salz

FÜR DAS DINKELKÖRNER-KOCHSTÜCK
50 g Dinkelkörner
250 g Wasser
1 Prise Salz

FÜR DAS SAATEN-BRÜHSTÜCK
80 g Wasser
80 g Saatenmischung (z.B. Leinsaat, weiße Sesamsaat, Sonnenblumenkerne)

FÜR DEN HAUPTTEIG
gereifter Sauerteig
355 g Dinkelmehl Type 630
55 g Dinkelvollkornmehl
210 g Wasser
10 g Salz
6 g Frischhefe
vorbereitetes Dinkelkörner-Kochstück
vorbereitetes Saaten-Brühstück

AUSSERDEM
etwas Mehl zum Arbeiten
etwas Butter für die Form
70 g Wasser zum Schwaden

1 Für den Sauerteig alle Zutaten gut verrühren und den Sauerteig abgedeckt 12 Stunden bei 26–28 °C (zum Beispiel im Backofen mit angeschalteter Lampe) reifen lassen. Dadurch wird er besonders mild.

2 Alle Zutaten für das Dinkelkörner-Kochstück in einem Topf aufkochen und dann bei mittlerer Hitze 60 Minuten köcheln lassen, bis die Körner weich sind. In ein Sieb gießen, gut abtropfen und abkühlen lassen.

3 Für das Saaten-Brühstück das Wasser erhitzen. Die Saatenmischung in einer Pfanne rösten, bis sie etwas Farbe angenommen hat. Sofort mit dem heißen Wasser übergießen und dann abkühlen lassen.

4 Nach der Reifezeit alle Zutaten für den Hauptteig außer dem Dinkelkörner-Kochstück und dem Saaten-Brühstück in die Knetschüssel der Küchenmaschine geben. 5–6 Minuten bei langsamer Geschwindigkeit verkneten. Das Dinkelkörner-Kochstück zufügen und 1–2 Minuten unterkneten. Dann das Saaten-Brühstück zufügen und ebenfalls 2 Minuten langsam unterkneten. Der Teig hat eine weiche Konsistenz und löst sich nicht vollständig von der Schüsselwand. Den Teig abgedeckt 60 Minuten ruhen lassen, währenddessen einmal dehnen und falten.

5 Nach der Teigruhe den Teig auf der bemehlten Arbeitsfläche vorsichtig rund wirken und dann lang formen. Wenn der Teig zu weich ist, nochmals dehnen und falten und dann lang wirken. In eine gebutterte Kastenform einlegen und abgedeckt 70 Minuten gehen lassen.

6 Während der Teig geht, den Backofen mit einem Backstein im unteren Bereich 30–40 Minuten auf 240 °C (Ober-/Unterhitze) vorheizen.

7 Den Teig mittig der Länge nach einschneiden und die Form dann auf den Backstein schieben. Mit 70 g Wasser schwaden und die Ofentür sofort schließen. Die Temperatur auf 210 °C reduzieren und das Brot 60 Minuten backen.

Der »Trick« mit den gekochten Getreidekörnern ist vielfältig anwendbar. Im Prinzip kann fast jedes Brotrezept damit verfeinert werden. Neben der Saftigkeit und besseren Frischhaltung haben Brote damit auch etwas mehr Biss.

DAS 812ER

Weizenmehl Type 812 ist eine Sorte, die nicht so bekannt ist. Dieses sogenannte »Halbweißmehl« erhalten Sie vorwiegend in Mühlen. Der Name ist Programm: Der Mineral- und Ballaststoffgehalt ist etwa in der Mitte zwischen hellem und dunklem Weizenmehl angesiedelt. Dadurch stellt es sowohl von den Backeigenschaften als auch vom Geschmack her einen schönen Kompromiss dar.

Arbeitszeit: 45 Minuten | Reifezeit: 15 ¼ Stunden | Backzeit: 60 Minuten
Gesamtzeit: 17 Stunden

Für ein 1-kg- oder 1,5-kg-Gärkörbchen

FÜR DEN SAUERTEIG
65 g Roggenmehl Type 1150
35 g warmes Wasser
6 g Sauerteiganstellgut

FÜR DEN HAUPTTEIG
gereifter Sauerteig
650 g Weizenmehl Type 812
440 g Wasser
13 g Salz
7 g Frischhefe

AUSSERDEM
etwas Mehl zum Arbeiten
70 g Wasser zum Schwaden

1 Für den Sauerteig alle Zutaten miteinander sorgfältig verrühren und abgedeckt 12 Stunden bei Raumtemperatur reifen lassen.

2 Nach der Reifezeit alle Zutaten für den Hauptteig außer dem Salz und der Hefe in die Knetschüssel der Küchenmaschine geben und 1–2 Minuten verkneten. Abgedeckt 20 Minuten ruhen lassen. Dann das Salz und die Hefe zufügen und anfangs 3 Minuten langsam, danach 7–8 Minuten schnell auskneten, bis der Teig sich sauber und komplett von der Schüsselwand löst. Den Teig abgedeckt 2 Stunden reifen lassen, dabei nach 60 Minuten einmalig dehnen und falten.

3 Den gereiften Teig auf der bemehlten Arbeitsfläche erst locker rund wirken und kurz entspannen lassen, dann straff lang wirken. Mit dem Schluss nach oben abgedeckt im länglichen Gärkörbchen für 60 Minuten bei Raumtemperatur reifen lassen.

4 Während der Teig reift, den Backofen mit einem Backstein im unteren Bereich 30–40 Minuten auf 250 °C (Ober-/Unterhitze) vorheizen.

5 Auf den Einschießer stürzen und einschneiden. Das Brot auf den Backstein schieben, mit 70 g Wasser schwaden und die Backofentür sofort schließen. Die Temperatur auf 210 °C reduzieren und das Brot insgesamt 60 Minuten abbacken. Es sollte gut gebräunt sein.

Das Rezept können Sie auch mit fertigem Sauerteig backen. Entweder nehmen Sie die nötige Menge von Ihrem gelagerten Anstellgut oder verwenden einen Fertigsauerteig aus dem Bioladen. Auf diese Weise können Sie das Brot auch spontan backen. Sie müssen allerdings im Hauptteig 15 g Wasser weniger nehmen und 15 g Roggenmehl 1150 zufügen, damit das Brot gelingt.

DAS SAATEN-812ER

Das zweite Rezept aus dem leckeren Weizenmehl Type 812 ist als klassisches Saatenbrot entwickelt worden. Die meisten Saaten sollten grundsätzlich etwas geröstet und mit Wasser überbrüht werden, bevor sie in Brotteige kommen. Auf diese Weise bringen sie deutlich mehr Aroma und Feuchtigkeit in den Teig, wovon das fertige Brot sehr profitiert. Dies gilt insbesondere für Leinsaat, die sehr quellfähig ist und sonst dem Teig sogar Wasser entziehen würde.

Arbeitszeit: 30 Minuten | Reifezeit: 14 ¼ Stunden | Backzeit: 60 Minuten
Gesamtzeit: 16 Stunden

Für ein 1,5-kg-Gärkörbchen

FÜR DEN SAUERTEIG
115 g Weizenmehl Type 812
115 g warmes Wasser
10 g Sauerteiganstellgut

FÜR DAS SAATEN-BRÜHSTÜCK
90 g Wasser
90 g Saatenmischung (z.B. weiße Sesamsaat, Sonnenblumenkerne, Leinsamen)

FÜR DEN HAUPTTEIG
gereifter Sauerteig
245 g Wasser
465 g Weizenmehl Type 812
20 g Butter
12 g Salz
6 g Frischhefe
vorbereitetes Saaten-Brühstück

AUSSERDEM
etwas Mehl zum Arbeiten
60 g Wasser zum Schwaden

1 Für den Sauerteig alle Zutaten gut miteinander verrühren und abgedeckt 12 Stunden bei Raumtemperatur reifen lassen.

2 Für das Saaten-Brühstück das Wasser erhitzen. Die Saatenmischung in einer Pfanne rösten, bis sie etwas Farbe angenommen hat. Sofort mit dem heißen Wasser übergießen und dann vollständig abkühlen lassen. Sollte das Wasser nicht vollständig aufgesogen sein, das Saaten-Brühstück in ein Sieb gießen und gut abtropfen lassen. Diesen Arbeitsschritt können Sie zusammen mit dem Sauerteig durchführen und das Brühstück dann gleichzeitig abgedeckt im Kühlschrank lagern.

3 Nach der Reifezeit alle Zutaten für den Hauptteig bis auf das Saaten-Brühstück in die Knetschüssel der Küchenmaschine geben. Anfangs 4 Minuten langsam, dann 4–5 Minuten schnell zu einem festen Teig verkneten. Das Saaten-Brühstück nun zugeben und langsam unterkneten, bis es komplett vom Teig aufgenommen wurde und sich dieser wieder komplett von der Schüsselwand löst. Den Teig abgedeckt 60 Minuten ruhen lassen.

4 Nach der Teigruhe den Teig auf der bemehlten Arbeitsfläche flach drücken, rund vorformen und 10 Minuten ruhen lassen. Dann straff lang wirken und mit dem Mehlsieb die Oberseite gut bemehlen. Mit der bemehlten Seite nach unten in ein längliches Gärkörbchen geben und abgedeckt 60 Minuten ruhen lassen.

5 Während der Teig ruht, den Backofen mit einem Backstein im unteren Bereich 30–40 Minuten auf 240 °C (Ober-/Unterhitze) vorheizen.

6 Den Teigling auf den Einschießer wenden, mehrfach im Abstand von etwa 2 cm nicht zu tief quer einschneiden und auf den Backstein schieben. Mit 60 g Wasser schwaden und die Backofentür sofort schließen. Die Temperatur auf 210 °C reduzieren und das Brot insgesamt 60 Minuten backen.

MÜNSTERLÄNDER SCHMALZSTUTEN

Den Schmalzstuten, auch Bauernstuten genannt, gibt es hier im Münsterland in fast jeder Bäckerei zu kaufen. Ein richtig leckeres Weizenmischbrot, das durch die Zugabe von Schmalz im Ofen erstaunlich gut aufgeht. Wer Schweineschmalz nicht mag, kann stattdessen Butterschmalz verwenden. Ich backe immer gleich vier von diesen Broten im Holzbackrahmen, sie können aber auch einzeln in der Kastenform oder sogar ohne Form gebacken werden. Das Ergebnis wird von der Form her etwas anders aussehen als auf dem Foto, was aber nichts am Wohlgeschmack der Brote ändert.

Arbeitszeit: 30 Minuten | Reifezeit: 15 ½ Stunden | Backzeit: 60 Minuten
Gesamtzeit: 17 ½ Stunden

Für eine 1,5-kg-Kastenform

FÜR DEN SAUERTEIG
60 g Roggenmehl Type 1150
42 g warmes Wasser
6 g Sauerteiganstellgut

FÜR DEN VORTEIG
1 g Frischhefe
42 g lauwarmes Wasser
60 g Weizenmehl Type 1050

FÜR DEN HAUPTTEIG
gereifter Vorteig
gereifter Sauerteig
294 g Wasser
480 g Weizenmehl Type 1050
12 g Salz
6 g flüssiger Honig
5 g Frischhefe
32 g Schweineschmalz

AUSSERDEM
etwas Öl für die Teigwanne
etwas Mehl zum Arbeiten
etwas Fett für die Kastenform
70 g Wasser zum Schwaden

1 Alle Zutaten für den Sauerteig gut verrühren und abgedeckt 12 Stunden bei Raumtemperatur reifen lassen. Außerdem für den Vorteig die Hefe im Wasser auflösen, das Mehl gut unterrühren und gleichzeitig abgedeckt 12 Stunden bei Raumtemperatur reifen lassen.

2 Nach der Reifezeit alle Zutaten für den Hauptteig außer dem Schmalz für 4–5 Minuten in der Knetschüssel der Küchenmaschine bei erster Stufe verkneten. Das Schmalz zufügen. Auf zweiter Stufe den Teig glatt auskneten, bis er sich von der Schüsselwand löst. Den Teig abgedeckt 60 Minuten in einer eingeölten Teigwanne ruhen lassen, danach den Teig einmal flach drücken und weitere 60 Minuten ruhen lassen.

3 Nach der Teigruhe den Teig auf der bemehlten Arbeitsfläche leicht rund wirken und 15 Minuten entspannen lassen. Dann straff lang wirken und gut mit Mehl einreiben. Mit dem Schluss nach unten in eine eingefettete Kastenform legen und abgedeckt 80 Minuten reifen lassen.

4 Während der Teig reift, den Backofen mit einem Backstein im unteren Bereich für 30–40 Minuten auf 240 °C (Ober-/Unterhitze) vorheizen.

5 Die Form auf den Backstein schieben, mit 70 g Wasser schwaden und die Backofentür sofort schließen. Die Temperatur auf 210 °C reduzieren und das Brot insgesamt 60 Minuten backen. Die Kruste sollte für einen kräftigen Geschmack schön dunkel werden.

BORKENBERGER KLOBEN

Die höchste Erhebung der Borkenberge ist 133 m hoch. Durchschnittlich liegt das Gelände meiner Heimatstadt auf 45 m über Normalnull, sodass der gemeine Westfale hier schon von »Bergen« spricht. Der Borkenberger Kloben ist ein leckeres Weizenmischbrot, das ich wie den Schmalzstuten in vierfacher Menge immer im Holzbackrahmen backe. Wenn Sie keinen Holzbackrahmen haben, dann passt die unten genannte Menge gut in eine Kastenform oder ein Gärkörbchen für 1,5 kg Teig. Das Brot ist ein vorzügliches Alltagsbrot, das Sie zu sämtlichen Aufstrichen und Belägen reichen können.

Arbeitszeit: 45 Minuten | Reifezeit: 14–14 ½ Stunden | Backzeit: 60 Minuten
Gesamtzeit: 15 ¾–16 ¼ Stunden

Für eine 1,5-kg-Kastenform

FÜR DEN SAUERTEIG

80 g Roggenmehl Type 1150
65 g warmes Wasser
8 g Sauerteiganstellgut

FÜR DEN HAUPTTEIG

gereifter Sauerteig
215 g Weizenmehl Type 1050
215 g Weizenmehl Type 550
150 g Roggenmehl Type 1150
345 g Wasser
13 g Salz
10 g Zucker
6 g Frischhefe
10 g Pflanzenöl

AUSSERDEM

etwas Mehl zum Arbeiten
etwas Fett für die Form
60 g Wasser zum Schwaden

1 Alle Zutaten für den Sauerteig gut verrühren und abgedeckt 12 Stunden bei Raumtemperatur reifen lassen.

2 Für den Hauptteig alle Zutaten in die Knetschüssel der Küchenmaschine geben. Anfangs 4 Minuten auf erster Stufe, dann etwa 6 Minuten auf zweiter Stufe gut verkneten, bis ein glatter und elastischer Teig entstanden ist. Den Teig abgedeckt 60–90 Minuten ruhen lassen, bis sich das Teigvolumen sichtbar vergrößert hat.

3 Dann den Teig auf der bemehlten Arbeitsplatte leicht rund und dann straff lang wirken. Den Teigling gut mit Mehl einreiben, mit dem Schluss nach unten in eine eingefettete Kastenform legen und abgedeckt etwa 60 Minuten ruhen lassen.

4 Während der Teig ruht, den Backofen mit einem Backstein im unteren Bereich 30–40 Minuten auf 250 °C (Ober-/Unterhitze) vorheizen.

5 Das Brot nach Belieben einschneiden und die Form auf den Backstein schieben. Mit 60 g Wasser schwaden und die Backofentür sofort schließen. Die Temperatur auf 210 °C reduzieren und das Brot in 60 Minuten schön dunkel backen.

Auch bei diesem Brot kann alternativ Fertigsauerteig aus dem Bioladen verwendet werden, wenn Sie keinen Sauerteig pflegen. Geben Sie dann 15 g weniger Wasser zum Hauptteig.

KASSELER

Das Kasseler ist ein traditionsreiches deutsches Brot, das in zwei Varianten existiert. Die erste kombiniert 40 % Roggen- mit 60 % Weizenmehl zu einem Weizenmischbrot. Die zweite Variante ist ein Roggenmischbrot mit umgedrehten Mengenverhältnissen; also 60 % Roggen- und 40 % Weizenmehl. Bei Letzterem baut sich beim Wirken weniger Teigspannung auf als bei Weizenteigen, trotzdem lässt es sich gut formen. Perfekt ist es, wenn es beim Backen nicht einreißt. Dazu muss der Teig volle Reife erreichen. Bei diesem Rezept, einem würzigen, leicht säuerlichen Roggenmischbrot, ist das nach etwa 80–90 Minuten Stückgare bei Raumtemperatur der Fall. Wenn es bei den ersten Versuchen einreißt, ist das kein Problem, das Einschätzen der richtigen Reife lernen Sie mit der Zeit.

Arbeitszeit: 45 Minuten | Reifezeit: 14 ½ Stunden | Backzeit: 60 Minuten
Gesamtzeit: 16 ¼ Stunden

Für ein 1,5-kg-Gärkörbchen

FÜR DEN SAUERTEIG
180 g Roggenmehl Type 1150
115 g warmes Wasser
18 g Sauerteiganstellgut

FÜR DEN HAUPTTEIG
gereifter Sauerteig
240 g Weizenmehl Type 1050
180 g Roggenmehl Type 1150
273 g Wasser
12 g Salz
6 g Frischhefe

AUSSERDEM
etwas Mehl zum Arbeiten
etwas Stärkemehl für das Gärkörbchen
70 g Wasser zum Schwaden

1 Die Zutaten für den Sauerteig gut verrühren und abgedeckt 12 Stunden bei 26–28 °C (zum Beispiel im Backofen mit angeschalteter Lampe) reifen lassen.

2 Nach der Reifezeit alle Zutaten für den Hauptteig in die Knetschüssel der Küchenmaschine geben. In 8–9 Minuten bei langsamer Knetgeschwindigkeit zu einem mittelfesten, leicht klebenden Teig verkneten und abgedeckt 60 Minuten ruhen lassen.

3 Den Teig nach der Teigruhe auf der bemehlten Arbeitsfläche erst rund und dann lang wirken. Der Teig sollte bemehlt von Hand gut zu wirken sein. Mit dem Schluss nach oben in ein mit Stärke ausgestaubtes Gärkörbchen mit Bezug legen und abgedeckt knapp 90 Minuten reifen lassen.

4 Während der Teig reift, den Backofen mit einem Backstein im unteren Bereich 30–40 Minuten auf 240 °C (Ober-/Unterhitze) vorheizen.

5 Den Teig auf den Einschießer kippen und mit einer Stipprolle in einer gleichmäßigen raschen Bewegung mit nicht zu viel Druck über das Brot fahren. Den Teigling mithilfe einer Sprühflasche mit Wasser besprühen und das Brot dann auf den Backstein befördern.

6 Mit 70 g Wasser schwaden und die Backofentür sofort schließen. Die Temperatur auf 210 °C reduzieren und das Brot in 60 Minuten dunkel backen. Gegen Ende der Backzeit das Brot mit dem Pinsel einmal feucht abstreichen, damit es richtig schön glänzt.

Wenn Sie keine Stipprolle haben, hilft auch eine Gabel oder eine Stricknadel, mit der die Kruste ein paar Mal eingestochen wird.

GEWÜRZBROT

Brotgewürze sind im süddeutschen Raum verbreiteter als in Norddeutschland. Dort dienen Sie vor allem der geschmacklichen Untermalung von dunklen Roggenmischbroten. Ich wollte deshalb einmal versuchen, auch ein kräftiges Weizenmischbrot mit Brotgewürz zu backen. Brotgewürz bekommen Sie gelegentlich in Supermärkten, meist aber in einer Mühle. Wenn Sie Brotgewürz kaufen, dann besteht dieses meist aus Fenchel-, Anis- und Kümmelpulver. Dieses Brot wird übrigens mit einem festen Sauerteig hergestellt. Sollten Sie einen eigenen fest geführten Sauerteig (»Lievito Madre«) aufbewahren, können Sie die benötigte Menge auch einfach davon nehmen. Dadurch sparen Sie sich 12 Stunden Reifezeit.

Arbeitszeit: 45 Minuten | Reifezeit: 28 ½ Stunden | Backzeit: 50–60 Minuten
Gesamtzeit: 30 Stunden

Für ein 1-kg-Gärkörbchen

FÜR DEN SAUERTEIG
48 g Weizenmehl Type 550
22 g Wasser
5 g Sauerteiganstellgut

FÜR DEN QUELLTEIG
185 g grobes Weizenschrot
185 g Weizenvollkornmehl
75 g Weizenmehl Type 1050
gereifter Sauerteig
330 g Wasser

FÜR DEN HAUPTTEIG
10 g Salz
10 g flüssiger Honig
3 g Frischhefe
3 g Brotgewürz-Mischung
45 g Wasser
95 g geröstete Sonnenblumenkerne

AUSSERDEM
etwas Öl für die Teigwanne
etwas Mehl zum Arbeiten
60 g Wasser zum Schwaden

1 Alle Zutaten für den Sauerteig grob verrühren, dann von Hand zu einer Kugel kneten und abgedeckt 12 Stunden bei Raumtemperatur reifen lassen.

2 Nach der Reifezeit alle Zutaten für den Quellteig 2–3 Minuten verkneten und dann abgedeckt 90 Minuten zum Quellen ruhen lassen.

3 Nach der Ruhezeit alle Zutaten für den Hauptteig bis auf das Wasser und die Sonnenblumenkerne in die Knetschüssel der Küchenmaschine geben. Anfangs 2 Minuten langsam, dann 5–6 Minuten schnell kneten, bis sich der Teig von der Schüsselwand löst. Anschließend portionsweise 45 g Wasser einkneten. Wenn es komplett aufgenommen ist und der Teig sich wieder von der Schüsselwand löst, bei langsamer Knetgeschwindigkeit vorsichtig die Sonnenblumenkerne einkneten. Den Teig abgedeckt in einer eingeölten Teigwanne 3 Stunden reifen lassen. Einmal (nach 90–120 Minuten) dehnen und falten.

4 Den gereiften Teig auf der gut bemehlten Arbeitsfläche vorsichtig rund vorformen, dann lang wirken. Der Teig ist bedingt durch den hohen Anteil an Schrot und Vollkornmehl nicht so elastisch wie ein Teig aus Auszugsmehlen (also nicht überstrapazieren!). Mit dem Schluss nach oben in ein gut bemehltes rundes Gärkörbchen legen und abgedeckt 12 Stunden bei 5°C im Kühlschrank reifen lassen.

5 Den Backofen mit einem Backstein im unteren Bereich rechtzeitig vor Ende der Reifezeit 30–40 Minuten auf 240 °C (Ober-/Unterhitze) vorheizen.

6 Das Brot aus dem Gärkorbchen auf den Einschießer kippen (Schluss unten). Direkt auf den Backstein geben. Mit 60 g Wasser schwaden und die Backofentür sofort schließen. Die Backzeit für ein vollbraunes Brot beträgt 50–60 Minuten. Das Brot anschließend gut auskühlen lassen.

Brotgewürz können Sie auch selbst herstellen, wenn Sie eine Gewürzmühle haben: 2 EL Kümmelsamen, 2 EL Fenchelsamen, 2 TL Koriandersaat, 2 TL schwarze Pfefferkörner in die Gewürzmühle geben und zu einem feinen Pulver mahlen. In einem geschlossenen Behälter aufbewahren.

CAFÉ-AU-LAIT-LAIB

Brotteig mit Kaffee als Flüssigkeitszusatz herzustellen ist ebenso interessant wie schmackhaft. Erstmals habe ich das im Backkurs des spanischen Meisterbäckers Josep Pascual probiert, und war vom Brotaroma wirklich angetan. Im folgenden Rezept wird Milchkaffee verwendet, der dem Brot eine noch abgerundetere Kaffeenote verleiht. Der Weizensauerteig wird in diesem Rezept »untypisch« geführt. Er reift warm bei 28 °C für nur 4 Stunden und bleibt dadurch besonders mild. Das ist bei diesem Brot wichtig, damit nicht zu viel Säure das Kaffeearoma überdeckt. Durch die besonders lange Reifezeit wird das Brot sehr bekömmlich, da Reizstoffe gut abgebaut werden.

Arbeitszeit: 30 Minuten | Reifezeit: 17 ¼–18 ¼ Stunden | Backzeit: 60 Minuten
Gesamtzeit: 19–20 Stunden

Für ein 1-kg-Gärkörbchen

FÜR DEN SAUERTEIG

35 g Wasser
35 g Weizenmehl Type 550
20 g Sauerteiganstellgut

FÜR DEN HAUPTTEIG

165 g Kaffee, frisch gebrüht
185 g Vollmilch (3,5 % Fettgehalt; 135 g plus 50 g)
200 g Weizenvollkornmehl
230 g Weizenmehl Type 550
gereifter Sauerteig
11 g Salz
4 g Frischhefe
10 g Karamellsirup (optional)

AUSSERDEM

etwas Öl für die Teigwanne
etwas Mehl zum Arbeiten
70 g Wasser zum Schwaden

1 Für den Sauerteig das Wasser auf 40 °C temperieren, die restlichen Zutaten gut unterrühren und bei etwa 26–28 °C (zum Beispiel im Backofen mit angeschalteter Lampe) 3–4 Stunden reifen lassen.

2 Für den Hauptteig den etwas abgekühlten, frisch gebrühten Kaffee mit 135 g kalter Milch in der Knetschüssel der Küchenmaschine mischen. Die Mehle zugeben, alles 2 Minuten verkneten und dann abgedeckt 30 Minuten quellen lassen.

3 Die restlichen Zutaten außer der verbliebenen Milch zugeben und anfangs 1 Minute langsam, dann 5–6 Minuten auf zweiter Stufe zu einem glatten Teig kneten. Weiter kneten und die restliche Milch (50 g) esslöffelweise vollständig in den Teig kneten. Den Teig anschließend in eine eingeölte Teigwanne geben und abgedeckt 2 Stunden bei Raumtemperatur reifen lassen. Während dieser Zeit ein- bis zweimal dehnen und falten.

4 Den gut aufgegangenen Teig auf der bemehlten Arbeitsfläche nur leicht flach drücken, schonend rund vorformen und 20 Minuten entspannen lassen. Dann schonend, aber straff rund wirken und mit dem Schluss nach oben in ein gut bemehltes Gärkörbchen legen. Gut abgedeckt 12 Stunden bei 5 °C im Kühlschrank reifen lassen.

5 Den Backofen mit einem Backstein im unteren Bereich rechtzeitig vor Ende der Reifezeit 30–40 Minuten auf 250 °C (Ober-/Unterhitze) vorheizen.

6 Das Brot auf den Einschießer kippen, einschneiden und sofort auf den Backstein befördern. Mit 70 g Wasser schwaden und die Backofentür sofort schließen. Die Temperatur auf 200 °C reduzieren und das Brot etwa 60 Minuten backen.

Das Brot kann sowohl im Gärkörbchen als auch in der Kastenform gebacken werden. Wer mag, kann dem Teig etwas Karamellsirup zugeben. Das passt hervorragend zum Grundgeschmack. Das Brot kann alternativ auch im gusseisernen Topf gebacken werden, dann entfällt das Schwaden.

MALZBIERBROT

Das Malzbierbrot ist ein leicht süßlich-malziges, dunkles Weizenbrot, das zu den beliebtesten Broten auf meinem Blog gehört. Der Teig ist etwas weich und klebrig, sollte sich mit genügend Mehl auf der Arbeitsfläche aber trotzdem gut wirken lassen. Brote wie dieses eignen sich zu fast allen Belägen.

Arbeitszeit: 50 Minuten | Reifezeit: 15 ¼ Stunden | Backzeit: 50 Minuten
Gesamtzeit: 17 Stunden

Für ein 1,5-kg-Gärkörbchen

FÜR DEN SAUERTEIG
85 g Weizenvollkornmehl
85 g warmes Wasser
8 g Sauerteiganstellgut

FÜR DEN VORTEIG
0,1 g Frischhefe
65 g lauwarmes Wasser
65 g Weizenmehl Type 1050

FÜR DEN HAUPTTEIG
gereifter Vorteig
gereifter Sauerteig
260 g Malzbier
335 g Weizenvollkornmehl
220 g Weizenmehl Type 1050
6 g Frischhefe
14 g Salz

AUSSERDEM
etwas Mehl zum Arbeiten
70 g Wasser zum Schwaden

1 Alle Zutaten für den Sauerteig gut verrühren und abgedeckt 12 Stunden bei Raumtemperatur reifen lassen. Außerdem für den Vorteig die Hefe im Wasser auflösen, das Mehl gut unterrühren und gleichzeitig abgedeckt 12 Stunden bei Raumtemperatur reifen lassen.

2 Nach der Reifezeit alle Zutaten für den Hauptteig ohne die Hefe und das Salz für 2 Minuten in der Knetschüssel der Küchenmaschine vermischen und dann abgedeckt 20 Minuten ruhen lassen.

3 Das Salz und die Hefe zugeben und anfangs 3 Minuten langsam, dann auf zweiter Knetstufe 6–8 Minuten kneten, bis sich der Teig von der Schüsselwand löst. Den Teig abgedeckt 90 Minuten reifen lassen, dabei nach 20 und nach 60 Minuten dehnen und falten.

4 Anschließend den Teig auf der bemehlten Arbeitsfläche leicht rund wirken und 20 Minuten entspannen lassen. Dann lang wirken, mit dem Schluss nach oben in ein bemehltes Gärkörbchen legen und 60 Minuten reifen lassen.

5 Während der Teig reift, den Backofen mit einem Backstein im unteren Bereich 30–40 Minuten auf 240 °C (Ober-/Unterhitze) vorheizen.

6 Den Teigling auf den Einschießer kippen und ein paarmal quer einschneiden. Das Brot sofort auf den Backstein befördern, mit 70 g Wasser schwaden und die Backofentür sofort schließen.

7 Die Temperatur auf 210 °C reduzieren und das Brot in 50 Minuten ausbacken. Gegen Ende unter Sichtkontrolle, da durch das Malzbier die Kruste kräftig bräunt.

ROGGENMISCH- UND ROGGENBROTE

BAUERNBROT

Dieses Bauernbrot ist ein guter Einstieg in das Backen mit höherem Roggenanteil. Es befinden sich gleiche Anteile Roggen- und Weizenmehl im Teig. Dadurch hat der Teig zwar schon einige Eigenschaften von Roggenteigen, bildet aber dennoch genug Klebergerüst aus, um sich noch leicht formen zu lassen. Wenn Sie Schwierigkeiten haben, das dunklere Roggenmehl Type 1370 zu bekommen, dann nehmen Sie stattdessen Roggenmehl Type 1150.

Arbeitszeit: 40 Minuten | Reifezeit: 14 Stunden | Backzeit: 60 Minuten
Gesamtzeit: 15 ¾ Stunden

Für ein 1-kg-Gärkörbchen

FÜR DEN SAUERTEIG
200 g Roggenmehl Type 1370
200 g Wasser
20 g Sauerteiganstellgut

FÜR DEN HAUPTTEIG
gereifter Sauerteig
175 g Wasser
265 g Weizenmehl Type 1050
65 g Roggenmehl Type 1370
4 g Frischhefe
11 g Salz
10 g Pflanzenöl
15 g flüssiger Honig

AUSSERDEM
etwas Öl für die Teigwanne
etwas Mehl zum Arbeiten
60 g Wasser zum Schwaden

1 Alle Zutaten für den Sauerteig gut verrühren und abgedeckt 12 Stunden bei Raumtemperatur reifen lassen.

2 Nach der Reifezeit alle Zutaten für den Hauptteig in die Knetschüssel der Küchenmaschine geben. Anfangs 3 Minuten bei langsamer Geschwindigkeit verkneten, dann 8–10 Minuten bei zweiter Stufe. Den Teig abgedeckt in einer eingeölten Teigwanne 60 Minuten reifen lassen.

3 Dann den Teig auf der bemehlten Arbeitsfläche zum Entgasen etwas flach drücken und rund wirken. Den Teigling mit Roggenmehl einreiben und mit dem Schluss nach oben abgedeckt 60 Minuten im Gärkörbchen gehen lassen.

4 Während der Teig geht, den Backofen mit einem Backstein im unteren Bereich 30–40 Minuten auf 240 °C (Ober-/Unterhitze) vorheizen.

5 Den Teigling auf einen Einschießer oder auf ein Blech kippen, über Kreuz einschneiden und sofort auf den Backstein schieben. Mit 60 g Wasser schwaden und die Ofentür sofort schließen. Die Temperatur auf 210 °C reduzieren und das Brot 60 Minuten backen.

Probieren Sie doch einmal, das Brot mit 3 g Brotgewürz (Fenchel-, Anis-, Kümmelsamen) im Hauptteig zu verfeinern. Die Aromen passen hervorragend zum sowieso schon würzigen Roggenmischbrot.

SÜDPFÄLZER LANDBROT

Dies ist ein sehr beliebtes Roggenmischbrot auf meinem Blog. Es erinnert mich an viele Reisen an die südliche Weinstraße mit ihren urigen Örtchen, pittoresken Gassen und Innenhöfen, in denen die Weinkerwen stattfinden. Zum Wein wird rustikale Kost gereicht und dazu immer ein Brotkorb mit diesem Brot serviert. Nichts würde besser zu den Pfälzer Weinen und den Speisen passen.

Arbeitszeit: 45 Minuten | Reifezeit: 13 ¾ Stunden | Backzeit: 60 Minuten
Gesamtzeit: 15 ½ Stunden

Für ein rundes 1,5-kg-Gärkörbchen

FÜR DEN SALZSAUERTEIG

- 260 g Roggenfeinschrot
- 260 g warmes Wasser
- 26 g Sauerteiganstellgut
- 3 g Salz

FÜR DEN HAUPTTEIG

- gereifter Sauerteig
- 140 g Weizenmehl Type 1050
- 140 g Weizenmehl Type 550
- 260 g Roggenmehl Type 1150
- 300 g Wasser
- 13 g Salz
- 8 g Frischhefe
- 48 g Zuckerrübensirup

AUSSERDEM

- etwas Öl für die Teigwanne
- Roggenfeinschrot oder Roggenvollkornmehl zum Arbeiten
- 50 g Wasser zum Schwaden

1 Für den Salzsauerteig alle Zutaten gut verrühren und abgedeckt 12 Stunden bei Raumtemperatur reifen lassen.

2 Nach der Reifezeit alle Zutaten für den Hauptteig in die Knetschüssel der Küchenmaschine geben. Die Zutaten 9 Minuten langsam verkneten. Den Teig in eine eingeölte Teigwanne geben und abgedeckt 45 Minuten ruhen lassen.

3 Danach auf der mit Roggenfeinschrot oder Roggenvollkornmehl bestreuten Arbeitsfläche rund wirken. Dabei darauf achten, dass die Oberfläche des Teiglings nicht überstrapaziert wird und reißt. Von allen Seiten gut mit Roggenfeinschrot oder Vollkornmehl einreiben. Den Teigling mit dem Schluss nach unten in ein leicht mit Roggenfeinschrot ausgestreutes Gärkörbchen geben und abgedeckt 50–60 Minuten bei Raumtemperatur gehen lassen.

4 Während der Teig geht, den Backofen mit einem Backstein im unteren Bereich 30–40 Minuten auf 250 °C (Ober-/Unterhitze) vorheizen.

5 Die Teiglinge auf den Einschießer stürzen und die entstehenden Risse 1–2 Minuten etwas aufgehen lassen. Dann auf den Backstein geben und 1–2 Minuten ohne Dampf anbacken. Das fördert das rustikale Aufreißen.

6 Mit 50 g Wasser schwaden und die Ofentür sofort wieder schließen. Die Temperatur auf 210 °C reduzieren und das Brot in 60 Minuten kräftig abbacken. Gut auskühlen lassen.

Roggenfeinschrot erhalten Sie am einfachsten in der Mühle oder mahlen es selbst. Wenn Sie es nicht bekommen können, nehmen Sie stattdessen Roggenvollkornmehl.

WESTFÄLISCHER ROGGENLAIB

Der westfälische Roggenlaib ist ein kräftiges Roggenmischbrot, das mich sehr an meine Studentenzeit erinnert. Damals lebte ich im westfälischen Münster. Das »Hausbrot« einer alteingesessenen Münsteraner Bäckerei war eines meiner Lieblingsbrote zu dieser Zeit. Von riesigen 3–4-kg-Laiben ließ ich mir immer meine 700–1000-g-Stücke abschneiden und hatte tagelang leckeres Brot. Das Brot wird ähnlich dem Südpfälzer Landbrot geformt. Durch den hohen Roggenanteil wird die Kruste beim Backen sehr spektakulär aufreißen. Ein Brot, das wirklich Eindruck macht.

Arbeitszeit: 45 Minuten | Reifezeit: 13 ½ Stunden | Backzeit: 60 Minuten
Gesamtzeit: 15 ¼ Stunden

Für ein rundes 1,5-kg-Gärkörbchen

FÜR DEN SAUERTEIG

250 g Roggenvollkornmehl
250 g warmes Wasser
25 g Sauerteiganstellgut

FÜR DEN HAUPTTEIG

gereifter Sauerteig
240 g Roggenmehl Type 1370
210 g Weizenmehl Type 550
270 g Wasser
14 g Salz
6 g Frischhefe
14 g flüssiger Honig

AUSSERDEM

etwas Mehl zum Arbeiten
50 g Wasser zum Schwaden

1 Für den Sauerteig alle Zutaten gut verrühren und abgedeckt 12 Stunden bei Raumtemperatur reifen lassen.

2 Nach der Reifezeit alle Zutaten für den Hauptteig in die Knetschüssel der Küchenmaschine geben und 9–10 Minuten bei langsamer Geschwindigkeit gut vermischen. Den Teig abgedeckt 45 Minuten ruhen lassen.

3 Nach der Teigruhe den Teig auf der bemehlten Arbeitsfläche mit Mehl bestauben, flach drücken und rund wirken. Durch den hohen Roggenanteil baut der Teig keine Spannung auf und verhält sich ähnlich wie weicher Ton. Beim Wirken des Teigs einige längliche Falten auf dem Teigrücken formen. Den Teigling umdrehen (Falten unten) und mithilfe einer Teigkarte und der Hand noch etwas gleichmäßig rund schieben.

4 Mit dem Schluss nach unten abgedeckt 50 Minuten in einem bemehlten Gärkörbchen reifen lassen. Die Reifezeit ist absichtlich etwas kürzer gehalten, damit das Brot beim Backen noch schön aufreißt.

5 Während der Teig reift, den Backofen mit einem Backstein im unteren Bereich 30–40 Minuten auf 240 °C (Ober-/Unterhitze) vorheizen.

6 Das Brot auf den Einschießer kippen, die entstehenden Risse noch ein wenig einreißen lassen und dann auf den Backstein befördern. Anfangs ohne Dampf 2 Minuten backen, dann mit 50 g Wasser schwaden. Die Backofentür sofort schließen; so reißen die Risse noch schön tief ein. Die Temperatur auf 210 °C reduzieren und das Brot 60 Minuten backen.

Auch dieses Brot kann mit 4 g Brotgewürz im Hauptteig noch verfeinert werden.

POALBÜRGERBROT

Ein »Poalbürger« ist, wer schon mindestens in zweiter Generation in einem westfälischen Ort wohnhaft ist. Also jemand, der typische westfälische Eigenheiten hat wie: »Wat de Buer nich kennt, dat frett he nich« (Hochdeutsch: »Was der Bauer nicht kennt, das isst er nicht«). Kräftige Roggenmischbrote kennt der westfälische Bauer, und dieses Rezept ergibt so ein Brot. Es enthält als besondere Zutat sogenannten »Alten Teig«. Früher wurde dieser Vorteig auch »Bruchstück« genannt, weil der Bäcker täglich von seinem fertigen Brotteig etwas wegnahm (»herausbrach«), um es für den nächsten Tag als Vorteig aufzubewahren. Hierzu wird ein fester Vorteig hergestellt, der auch Salz enthält. Dieser wird mindestens 24 Stunden, besser 48 Stunden im Kühlschrank gereift und entwickelt dabei tolle Reifearomen.

Arbeitszeit: 45 Minuten | Reifezeit: 28–52 Stunden | Backzeit: 65 Minuten
Gesamtzeit: 30–54 Stunden

Für ein 1-kg-Gärkörbchen

FÜR DEN ALTEN TEIG
75 g Weizenmehl Type 550
45 g Wasser
1 g Frischhefe
1 g Salz

FÜR DEN SAUERTEIG
170 g Roggenmehl Type 1150
170 g warmes Wasser
17 g Sauerteiganstellgut

FÜR DEN HAUPTTEIG
gereifter Sauerteig
gereifter Alter Teig
315 g Roggenmehl Type 1150
175 g Wasser
11 g Salz
11 g flüssiger Honig
3 g Frischhefe

AUSSERDEM
etwas Mehl zum Arbeiten
60 g Wasser zum Schwaden

1 Alle Zutaten für den Alten Teig etwas verrühren und dann von Hand 1–2 Minuten zu einer Teigkugel verkneten. Diese Teigkugel abgedeckt 2 Stunden bei Raumtemperatur reifen lassen, dann für 24–48 Stunden bei 5 °C in den Kühlschrank stellen.

2 Für den Sauerteig alle Zutaten gut verrühren und abgedeckt 12 Stunden bei Raumtemperatur reifen lassen.

3 Nach der Reifezeit für den Hauptteig alle Zutaten in die Knetschüssel der Küchenmaschine geben und 8–9 Minuten mit langsamer Geschwindigkeit verkneten. Der Teig sollte glatt, homogen und bindig werden. Wegen des hohen Roggenanteils kann er sich nicht von der Schüsselwand lösen. Den Teig abgedeckt 60 Minuten reifen lassen.

4 Anschließend den Teig auf der bemehlten Arbeitsplatte flach drücken und dann so rund formen, dass der Teig eine schöne glatte Oberfläche bekommt (siehe Tipp). Mit dem Schluss nach oben in ein Gärkörbchen legen und abgedeckt 70 Minuten reifen lassen.

5 Während der Teig reift, den Backofen mit einem Backstein im unteren Bereich 30–40 Minuten auf 250 °C (Ober-/Unterhitze) vorheizen.

6 Den Teigling auf den Einschießer kippen, einschneiden und auf den Backstein schieben. Anfangs 2 Minuten ohne Dampf backen, dann mit 60 g Wasser schwaden und die Backofentür sofort schließen. Die Temperatur auf 210 °C reduzieren und das Brot 60 Minuten backen, bis es eine schöne dunkle und aromatische Kruste hat.

Die Technik zum Formen von Teigen mit hohem Roggenmehlanteil unterscheidet sich von der für Weizenmehlteige. Eine Anleitung finden Sie unter https://youtu.be/0dpC0qRi5kE

VINSCHGAUER FLADENBROTE

Südtirol ist im Moment »in«. Viele Menschen entdecken diesen wunderschönen Flecken Erde gerade wieder neu. Neben einer fantastischen Landschaft und dem schon südlich angehauchten Klima ist auch die rustikale Südtiroler Küche sehr beliebt. Eines der bekanntesten Brote aus dieser Gegend ist das Vinschgauer Fladenbrot. Besonderheiten dieses Brotes sind der hohe Roggenanteil und die hohe Wassermenge im Teig, die eine sehr gute Frischhaltung zur Folge haben. Sie sollten in jedem Fall versuchen, auch das typische Brotgewürz, den Brotklee oder Schabzigerklee zu bekommen. Denn nur damit schmeckt es wirklich so wie in Südtirol. Die Handhabung des Teiges ist für Ungeübte zunächst ungewohnt, aber leicht zu erlernen.

Arbeitszeit: 45 Minuten | Reifezeit: 13 ½ Stunden | Backzeit: 25–30 Minuten
Gesamtzeit: 14 ¾ Stunden

Für 4 Vinschgauer Fladenbrote

FÜR DEN SAUERTEIG

70 g Roggenmehl Type 1150
70 g warmes Wasser
7 g Sauerteiganstellgut

FÜR DEN HAUPTTEIG

gereifter Sauerteig
355 g warmes Wasser (285 g plus 70 g)
280 g Roggenmehl Type 1370 (alternativ Type 1150)
150 g Weizenmehl Type 550
10 g Salz
8 g Frischhefe
1 g gemahlene Kümmelsamen
1 g gemahlene Fenchelsamen
1 TL Schabzigerklee (Brotklee)

AUSSERDEM

etwas Mehl zum Arbeiten

1 Für den Sauerteig alle Zutaten gut miteinander verrühren und abgedeckt 12 Stunden bei Raumtemperatur reifen lassen.

2 Nach der Reifezeit alle Zutaten für den Hauptteig bis auf 70 g Wasser in die Knetschüssel der Küchenmaschine geben und 10–12 Minuten langsam verkneten. Der Teig sollte eine gute Bindigkeit zeigen, also am Haken hochklettern, oder sich etwas von der Schüsselwand lösen.

3 Dann portionsweise das restliche Wasser (70 g) einarbeiten. Sobald der Teig wieder schön glatt und leicht glänzend ist, das Kneten beenden und den Teig abgedeckt 30 Minuten ruhen lassen.

4 Nach der Teigruhe den Teig auf der gut bemehlten Arbeitsfläche etwas flach drücken und dabei auch die Teigrückseite gut bemehlen. Nach Augenmaß vier gleich große Teiglinge abstechen und mit gut bemehlten Händen rund formen. Da der Teig sehr weich ist und einen hohen Roggenanteil hat, ist das etwas anspruchsvoller. Bei guter Bemehlung sollte es aber problemlos funktionieren.

5 Die Teiglinge mit dem Schluss nach unten auf ein mit Backpapier belegtes Backblech setzen und mit etwas Mehl bestauben. Die Teiglinge nun mit einem leichten Leinentuch abdecken und insgesamt 60 Minuten reifen lassen. Die letzten 20 Minuten das Leinentuch entfernen.

6 Während die Teiglinge reifen, den Backofen mit einem Backstein im unteren Bereich 30–40 Minuten auf 250 °C (Ober-/Unterhitze) vorheizen.

7 Sobald sich breite Risse auf der Teigoberfläche gebildet haben, das Blech auf den Backstein befördern. Ohne Schwaden die Temperatur auf 220 °C reduzieren und die Brote 25–30 Minuten backen.

Wenn Sie anstatt vier Teiglingen acht abstechen, rund formen und jeweils zwei Teiglinge so nebeneinander auf das Blech setzen, dass sie während der Reifezeit etwas zusammenwachsen, dann erhalten Sie nach dem Backen die sogenannten Vinschgauer Paarl.

PADERBORNER LANDBROT

Das Paderborner Landbrot ist ein echter Klassiker. In der Gegend, in der ich wohne, findet man es unter diesem oder anderen Namen in fast jeder Bäckerei. Der hohe Roggenanteil von 80 % garantiert einen würzigen Geschmack und der Sauerteig fügt eine deutliche Säurenote hinzu, die eine lange Frischhaltung garantiert. Ein Brot, das als Begleiter zu deftigen Belägen zur Höchstform aufläuft. Gleichzeitig ist dies auch eines der ersten Roggenbrote, die ich zu Beginn meines Brotbackhobbys regelmäßig gebacken habe.

Arbeitszeit: 45 Minuten | Reifezeit: 14 Stunden | Backzeit: 60 Minuten
Gesamtzeit: 15 ¾ Stunden

Für eine 1-kg-Kastenform

FÜR DEN SAUERTEIG
190 g Roggenmehl Type 1150
190 g warmes Wasser
19 g Sauerteiganstellgut

FÜR DEN HAUPTTEIG
gereifter Sauerteig
270 g Roggenmehl Type 1150
145 g Weizenmehl Type 1050
265 g Wasser
5 g Frischhefe
13 g Salz

AUSSERDEM
etwas Mehl zum Arbeiten
etwas Fett für die Form
50 g Wasser zum Schwaden

1 Für den Sauertag alle Zutaten gut verrühren und abgedeckt 12 Stunden bei Raumtemperatur reifen lassen.

2 Die Zutaten für den Hauptteig in die Knetschüssel der Küchenmaschine geben und bei langsamer Geschwindigkeit 8 Minuten kneten. Dann den Teig abgedeckt 45 Minuten ruhen lassen.

3 Nach der Teigruhe den Teig auf der bemehlten Arbeitsfläche mit etwas Mehl bestauben und lang formen. Durch den hohen Roggenanteil verhält er sich wie weicher Ton. Den Teig in eine gefettete Kastenform geben und bei Raumtemperatur abgedeckt mindestens 80 Minuten reifen lassen.

4 Während der Teig reift, den Backofen mit einem Backstein im unteren Bereich 30–40 Minuten auf 240 °C (Ober-/Unterhitze) vorheizen.

5 Das Brot mit Wasser besprühen, nach Belieben mit einer Stipprolle darüber rollen und die Form auf den Backstein schieben. Mit 50 g Wasser schwaden und die Backofentür sofort schließen. Die Temperatur auf 210 °C reduzieren und das Brot 60 Minuten backen.

Sollte der Teig zu sehr kleben, kann er auch mit einem Löffel in die Form gefüllt und mit einem angefeuchteten Teigschaber glatt gezogen werden.

ROGGEN-GEWÜRZBROT

Wenn Sie eine zünftige Brotzeit planen, könnte es kein passenderes Brot geben als diese kräftige Variante mit hohem Roggenanteil und einer selbst hergestellten Gewürzmischung. Brotgewürz können Sie auch fertig kaufen, doch wer einmal die Gewürzkörner selbst in der Gewürzmühle frisch gemahlen hat, wird diesen Duft nie wieder missen wollen. Dieses Brot dürfte all jenen von Ihnen, die in Süddeutschland, Österreich und Norditalien wohnen, besonders munden.

Arbeitszeit: 45 Minuten | Reifezeit: 14–18 Stunden | Backzeit: 50–60 Minuten
Gesamtzeit: 15 ¾–19 ¾ Stunden

Für ein 1-kg-Gärkörbchen

FÜR DEN SAUERTEIG

260 g Roggenmehl Type 1150
260 g warmes Wasser
26 g Sauerteiganstellgut

FÜR DEN HAUPTTEIG

5 g Brotgewürzmischung (z.B. 2 g Fenchelsamen, 2 g Kümmelsamen, 1 g Koriandersamen)
gereifter Sauerteig
65 g Weizenmehl Type 1050
320 g Roggenmehl Type 1150
175 g warmes Wasser
14 g Salz
5 g Frischhefe
1 TL Zuckerrübensirup

AUSSERDEM

etwas Mehl zum Arbeiten
einige Kümmel- und Fenchelsamen für das Gärkörbchen
50 g Wasser zum Schwaden

1 Alle Zutaten für den Sauerteig gut vermengen und abgedeckt 12–16 Stunden bei Raumtemperatur reifen lassen.

2 Für den Hauptteig die Gewürze in einer Gewürzmühle fein mahlen und zusammen mit den restlichen Zutaten in die Knetschüssel der Küchenmaschine geben. Für 6–8 Minuten verkneten, bis der Teig eine mittelfeste Konsistenz hat. Den Teig 45 Minuten abgedeckt bei 26–28 °C (zum Beispiel im Backofen mit angeschalteter Lampe) ruhen lassen.

3 Nach der Teigruhe den Teig auf der bemehlten Arbeitsfläche mit etwas Mehl bestauben und grob rund formen. Den Teigling mit dem Schluss nach oben in ein rundes oder quadratisches Gärkörbchen geben, welches zuvor bemehlt und mit Fenchel- und Kümmelkörnern ausgestreut wurde. Abgedeckt 80 Minuten bei Raumtemperatur gehen lassen.

4 Während der Teig geht, den Backofen mit einem Backstein im unteren Bereich für 30–40 Minuten auf 250 °C (Ober-/Unterhitze) vorheizen.

5 Den Teigling auf den Einschießer kippen, kreuzweise tief einschneiden und direkt auf den Backstein schieben. Mit 50 g Wasser schwaden und die Backofentür sofort schließen. Nach den ersten 5–8 Minuten die Temperatur auf 210 °C reduzieren und das Brot weitere 45–55 Minuten backen.

Achten Sie bei diesem Brot darauf, dass der Teig wärmer als üblich ist. Sie werden feststellen, dass sich der Roggenteig dann viel einfacher formen lässt. Die optimale Temperatur des Teiges liegt bei 26–28 °C.

KOMMISSBROT

Das Kommissbrot wurde früher wegen seiner Eigenschaften besonders vom Militär geschätzt. Ein reines Roggenbrot, das durch den besonders hohen Flüssigkeitsgehalt und den Sauerteig mindestens 10 Tage frisch hält. Durch die Verwendung von Roggenvollkornmehl sättigt dieses Brot zudem sehr gut und enthält alle nahrhaften Anteile des ganzen Roggenkorns. Als Besonderheit wird bei diesem Rezept ein Salzsauerteig verwendet. Das Salz bremst die Reifung des Sauerteigs etwas, der auf diese Weise milder wird. Der Zuckerrübensirup verleiht dem Brot eine leicht süßliche Note, die gut mit der Säure des Vollkornsauerteigs harmoniert.

Arbeitszeit: 45 Minuten | Reifezeit: 13 ¾ Stunden | Backzeit: 60 Minuten
Gesamtzeit: 15 ½ Stunden

Für eine 1,5-kg-Kastenform

FÜR DEN SALZSAUERTEIG
360 g Roggenvollkornmehl
360 g warmes Wasser
36 g Sauerteiganstellgut
3 g Salz

FÜR DEN HAUPTTEIG
gereifter Sauerteig
440 g Roggenvollkornmehl
280 g warmes Wasser
7 g Frischhefe
60 g Zuckerrübensirup
15 g Salz

AUSSERDEM
etwas Fett für die Form
etwas Mehl zum Bemehlen

1 Für den Salzsauerteig alle Zutaten gut vermengen und abgedeckt bei Raumtemperatur 12 Stunden reifen lassen.

2 Nach der Reifezeit alle Zutaten für den Hauptteig in die Knetschüssel der Küchenmaschine geben und für 7–8 Minuten gut und gründlich verkneten. Den Teig abgedeckt 30 Minuten quellen lassen.

3 Anschließend nochmals für 2–3 Minuten kneten. Der Teig sollte angezogen haben und fester sein als beim ersten Kneten. Durch die große Feuchtigkeit des Teiges empfiehlt es sich, den Teig mit einem Löffel sofort in eine gefettete Kastenform zu geben. Wenn der Teig in der Form ist, mit einem feuchten Silikonschaber den Teig gerade und glatt streichen. Dabei den Schaber immer wieder befeuchten oder den Teig mit etwas Wasser besprühen.

4 Dann den Teig großzügig mit Roggenvollkornmehl bemehlen und abgedeckt 75–80 Minuten bei Raumtemperatur reifen lassen. Der Teig sollte den Rand der Form erreichen.

5 Während der Teig reift, den Backofen mit einem Backstein im unteren Bereich 30–40 Minuten auf 240 °C (Ober-/Unterhitze) vorheizen.

6 Vor dem Einschieben kann noch ein dekoratives Muster in das Brot eingedrückt werden. Die Form auf den Backstein schieben und ohne Dampf für 10 Minuten kräftig anbacken. Dann die Temperatur auf 210 °C reduzieren und in 50–60 Minuten gut und kräftig ausbacken.

LEINSCHROT-ROGGENBROT

Dies ist erneut ein einfach umsetzbares Rezept für ein kräftiges Roggenmischbrot. Eine große Mehlmenge ist bereits im Sauerteig vorgereift und bringt sowohl einen kräftigen Geschmack in den Teig, als auch etwas mehr Säure, die für die Frischhaltung gut ist. Leinsamenschrot bindet viel Wasser und sorgt nicht nur für eine besondere Saftigkeit, sondern enthält außerdem sehr viele gesunde Inhaltsstoffe.

Arbeitszeit: 45 Minuten | Reifezeit: 14 Stunden | Backzeit: 60–70 Minuten
Gesamtzeit: 16 Stunden

Für eine 1-kg-Kastenform

FÜR DEN SAUERTEIG
160 g Roggenmehl Type 1150
160 g warmes Wasser
16 g Sauerteiganstellgut

FÜR DEN HAUPTTEIG
gereifter Sauerteig
180 g Weizenmehl Type 1050
190 g Roggenmehl Type 1150
50 g Leinsamenschrot
265 g Wasser
15 g flüssiger Blütenhonig
11 g Salz
5 g Frischhefe

AUSSERDEM
etwas Mehl zum Arbeiten
etwas Fett für die Form
50 g Wasser zum Schwaden

1 Für den Sauerteig alle Zutaten gut verrühren und abgedeckt 12 Stunden bei Raumtemperatur reifen lassen.

2 Nach der Reifezeit alle Zutaten für den Hauptteig in die Knetschüssel der Küchenmaschine geben und 10 Minuten bei langsamer Geschwindigkeit verkneten, bis sich der Teig leicht von der Schüsselwand löst und etwas Bindung hat. Den Teig gut abgedeckt 45 Minuten bei Raumtemperatur ruhen lassen.

3 Nach der Teigruhe den Teigling auf der gut bemehlten Arbeitsfläche lang wirken und mit dem Schluss nach unten in eine gefettete Kastenform legen. Den Teig nun abgedeckt 70–80 Minuten bei Raumtemperatur reifen lassen.

4 Während der Teig reift, den Backofen mit einem Backstein im unteren Bereich 30–40 Minuten auf 240 °C (Ober-/Unterhitze) vorheizen.

5 Mit einer Stipprolle einmal über den Teigling fahren. Das Brot anfangs ohne Schwaden auf den Backstein schieben. Nach 2 Minuten mit 50 g Wasser schwaden und die Backofentür sofort schließen. Die Temperatur auf 210 °C reduzieren und 60–70 Minuten backen, bis das Brot eine kräftige Farbe hat.

Das Brot kann gut auf Vorrat gebacken werden. Kräftige Roggenbrote lassen sich gut einfrieren. Hierzu das etwas abgekühlte Brot in einen langen Gefrierbeutel geben und vakuumieren. Dann sofort einfrieren. Als delikate Variante können 80 g geröstete Kürbiskerne und 15 ml Kürbiskernöl zusätzlich zum Teig gegeben werden.

APFEL-ROGGENBROT

Roggen und Apfel harmonieren sehr gut miteinander. Bei diesem Rezept habe ich selbst gemachtes Apfelkompott zu einem sehr kernigen Roggenschrot-Mischbrot gegeben. Das Schrot quillt zudem noch mit naturtrübem Apfelsaft. Der Aufwand lohnt sich: Sie backen hier ein köstliches und unheimlich lang frisch haltendes Kastenbrot, wie es wohl noch kaum einer von Ihnen gegessen hat.

Arbeitszeit: 60 Minuten | Reifezeit: 14 Stunden | Backzeit: 60 Minuten
Gesamtzeit: 16 Stunden

Für eine 1-kg-Kastenform

FÜR DEN SAUERTEIG
145 g feines Roggenschrot
145 g warmes Wasser
14 g Sauerteiganstellgut

FÜR DAS QUELLSTÜCK
145 g grobes Roggenschrot
150 g naturtrüber Apfelsaft
10 g Salz

FÜR DAS APFELKOMPOTT
2 leicht-säuerliche Äpfel (z.B. Boskop)
5 EL Wasser
2 TL Rohrzucker

FÜR DEN HAUPTTEIG
gereifter Sauerteig
vorbereitetes Quellstück
95 g lauwarmes Wasser
50 g Apfelkompott
105 g feiner Weizenschrot
125 g Roggenvollkornmehl
3 g Frischhefe

AUSSERDEM
etwas Fett für die Form

1 Für den Sauerteig alle Zutaten gut vermischen und abgedeckt bei Raumtemperatur 12 Stunden reifen lassen. Außerdem alle Zutaten für das Quellstück gut vermischen und gleichzeitig abgedeckt im Kühlschrank 12 Stunden quellen lassen.

2 Für das Apfelkompott die Äpfel schälen, vom Kerngehäuse befreien und in kleine Würfel schneiden. In einen Topf geben, mit dem Wasser anfüllen und den Rohrzucker darüber geben. Die Apfelstücke langsam 20–30 Minuten köcheln lassen, bis sie weich sind. Wenn das Wasser zwischendurch verköcheln sollte, nochmals 5 EL zugeben. Die Masse mit einem Löffel etwas zerdrücken und abkühlen lassen.

3 Den gereiften Sauerteig, das Quellstück und alle sonstigen Zutaten für den Hauptteig in die Knetschüssel der Küchenmaschine geben und auf niedriger Stufe 20 Minuten vermischen. Dabei den Teig immer wieder mit einem Silikonschaber etwas vom Rand lösen, damit er vollständig verknetet wird. Den Teig 30 Minuten abgedeckt ruhen lassen.

4 Dann erneut für 15 Minuten langsam kneten, bis er eine gute Bindung hat. Den Teig direkt aus der Schüssel mit einem großen Löffel in eine gefettete Kastenform einfüllen. Die Oberfläche mit Wasser besprühen und mit dem feuchten Silikonschaber den Teig glatt ziehen. Dann die Oberfläche mit Roggenvollkornmehl bestauben. Den Teig abgedeckt 90–100 Minuten bei Raumtemperatur reifen lassen, dabei sollte der Teig den Rand der Form erreichen.

5 Während der Teig reift, den Backofen mit einem Backstein im unteren Bereich 30–40 Minuten auf 240 °C (Ober-/Unterhitze) vorheizen.

6 Nach Belieben mit dem Silikonschaber ein dekoratives Muster in die Oberfläche drücken und die Kastenform auf den Backstein stellen. Ohne Schwaden die Temperatur auf 210 °C reduzieren und das Brot insgesamt 60 Minuten backen.

Lassen Sie dieses Brot nach dem Backen wegen des hohen Feuchtigkeitsgehaltes mindestens einen Tag ruhen. Dann lässt es sich deutlich besser schneiden. Sie können natürlich auch gekauftes Apfelkompott verwenden, wenn Sie es nicht selbst herstellen möchten.

ROGGENSCHROTBROT

Dieses Roggenschrotbrot ähnelt in seiner Zusammensetzung etwas klassischen Pumpernickel-Rezepten. Diese sehr westfälische Spezialität benötigt für ihre Herstellung jedoch spezielle dampfdichte Backformen und ein sehr langes Backverfahren, das zu Hause nur schwer imitiert werden kann. Deshalb wird die typische dunkelbraune Brotkrume mit diesem Rezept nicht erreicht. Geschmacklich kommt dieses Brot aber dem Pumpernickel schon sehr nahe. Da mit grobem Schrot gearbeitet wird, sind lange Quellzeiten erforderlich. Schrotbrote enthalten das volle Korn und sind daher besonders gut geeignet für Menschen, die in ihrer Nahrung viel Ballaststoffe und Mineralien unterbringen wollen. Das ist verdauungsförderlich und gut bekömmlich.

Arbeitszeit: 45 Minuten | Reifezeit: 13 ¼–15 ¼ Stunden | Backzeit: 60 Minuten
Gesamtzeit: 15–17 Stunden

Für eine 1-kg-Kastenform

FÜR DEN SAUERTEIG
215 g grobes Roggenschrot
215 g warmes Wasser
20 g Sauerteiganstellgut

FÜR DAS ROGGENSCHROT-QUELLSTÜCK
240 g Wasser
240 g grobes Roggenschrot
13 g Salz

FÜR DAS ALTBROT-QUELLSTÜCK
40 g Brotreste
40 g Wasser

FÜR DEN HAUPTTEIG
120 g warmes Wasser
gereifter Sauerteig
vorbereitetes Roggenschrot-Quellstück
vorbereitetes Altbrot-Quellstück
345 g Roggenvollkornmehl
30 g Zuckerrübensirup
2 g Frischhefe

AUSSERDEM
etwas Öl für die Form
grobes Roggenschrot (optional)

1 Für den Sauerteig alle Zutaten gut verrühren und 12–14 Stunden bei Raumtemperatur reifen lassen.

2 In der Zwischenzeit für das Roggenschrot-Quellstück das Wasser auf 50 °C erwärmen und die restlichen Zutaten gut unterrühren. Das Quellstück mindestens 4, maximal 12 Stunden quellen lassen.

3 Für das Altbrot-Quellstück die Brotreste zerbröseln, mit dem Wasser verrühren und 10–15 Minuten quellen lassen.

4 Nach der Reifezeit des Sauerteigs alle Zutaten für den Hauptteig in die Knetschüssel der Küchenmaschine geben und mit dem Knethaken 8–10 Minuten bei langsamer Knetgeschwindigkeit verkneten. Wenn der Teig am Schüsselrand klebt, diesen zwischendurch immer wieder ablösen. Der Teig ist eher fest und sollte schön bindig sein. Den Teig abgedeckt 20 Minuten ruhen lassen.

5 Währenddessen eine Kastenform einölen. Den Teig auf der nassen Arbeitsfläche ähnlich einem Stück Ton lang formen oder rollen. Möglichst keine groben Falten erzeugen. Nach Belieben den Teigling dann noch in grobem Schrot rollen.

6 Den Teigling mit der glatten Seite nach oben in die Form legen. Er sollte die Form zu zwei Drittel bis drei Viertel ausfüllen. Den Teig anschließend 50–60 Minuten bei 28–30 °C (zum Beispiel im Backofen mit angeschalteter Lampe) reifen lassen, bis er bis knapp unter den Rand der Form aufgegangen ist. Bei kühleren Temperaturen dauert die Reifung etwas länger.

7 Währenddessen den Backofen mit Backstein im unteren Bereich 30–40 Minuten auf 240 °C (Ober/Unterhitze) vorheizen.

8 Den aufgegangenen Teig in der Form im vorgeheizten Backofen ohne Schwaden einschießen. Die Temperatur auf 210 °C reduzieren und das Brot insgesamt 60 Minuten backen. Das Brot kann entweder ohne Deckel oder mit Deckel gebacken werden.

Für ein noch »kernigeres« Brot können Sie dem Teig noch 80 g Sonnenblumenkerne zufügen.

ZWILLING
HENCKELS

Für die freundliche Unterstützung unseres Fotoshootings geht ein herzliches Dankeschön an:

Karl-Heinz Häussler GmbH
Nussbaumweg 1
D-88499 Heiligkreuztal
Telefon 07371/9377-0
www.backdorf.de

Drax-Mühle GmbH
Monika Drax
Hochhaus 5
D-83562 Rechtmehring
Telefon 08072/8276
www.drax-muehle.de

ZWILLING J.A. Henckels Deutschland GmbH
Grünewalder Str. 14-22
D-42657 Solingen
www.zwilling.com

HÄUSSLER

ÜBER DEN AUTOR

»Der Brotdoc« ist Dr. med. Björn Hollensteiner, 45 Jahre und niedergelassener Hausarzt im Münsterland. Wenn der dreifache Vater nicht gerade in seiner Praxis Patienten behandelt, entwickelt er eigene Rezepte und backt daraus natürliches und gesundes Brot für seine Familie.

Seine Liebe zu französischen Baguettes führte vor zehn Jahren dazu, dass er die ersten Schritte zum Selbstbacken guten Brotes tat. Baguettes werden nämlich in Frankreich völlig anders hergestellt als in deutschen Bäckereien, das schmeckt, riecht und sieht jeder, der schon einmal ein Baguette aus einer französischen Handwerksbäckerei probieren konnte. Der einzige Weg zu einem solchem Geschmack war, das Backen selbst in die Hand zu nehmen.

Während er sich die Methoden zur Herstellung dieser Brotsorte autodidaktisch beibrachte, war es schnell um Björn Hollensteiner geschehen. Das Brotbacken wurde ihm Passion und Hobby und die selbst entwickelten Rezepte stellt er seit 2011 im Blog http://brotdoc.com einer breiten Öffentlichkeit zur Verfügung. In Hobby- und Profikursen erweitert und vertieft er seither sein Wissen. 2015 erschien sein erstes Buch, das in Kooperation mit dem bekannten Buchautor und Blogger Lutz Geißler entstand. 2018 folgten die Rezepthefte »Brotdoc-Bookazine 1 und 2«.

Inzwischen lesen den Brotdoc-Blog mehr als 50 000 Besucher im Monat. In der angeschlossenen Facebook-Gruppe »Angebacken« tauschen sich über 12 000 Mitglieder täglich über das Selbstbacken von Brot aus, lernen voneinander und präsentieren ihre Ergebnisse. Auch die Bäckerzunft wurde inzwischen auf die ständig wachsende Hobbybäckerszene und den Brotdoktor aufmerksam.

ÜBER DIE FOTOGRAFEN

Julia Hildebrand und Ingolf Hatz (www.augustundjuli.de) lieben die Fotografie, konzeptionelles Arbeiten und sind ausgezeichnet mit dem Gourmand Cookbook Award. Ihr Spektrum umfasst die Food-, People-, Still-Life- und Reportage-Fotografie. Inspiration holen sie sich auf Reisen und im Kunstumfeld. In ihrem Studio in München setzen sie mit viel Liebe zum Detail und einem meisterhaften Gespür für Licht die unterschiedlichsten fotografischen Projekte um.

DRAX·MÜHLE
DINKELMEHL
TYPE 1050
DRAX·MÜHLE
WEIZENMEHL
TYPE 405
e 1 kg
DRAX·MÜHLE
BIO
ROGGENMEHL
TYPE 1150

REGISTER

INFORMATIONS- UND BEZUGSQUELLEN

INFORMATIONEN

Wenn Sie Interesse an weiteren Informationen haben, dann kann ich Ihnen die Lektüre folgender Blogs und Seiten empfehlen:

1 Der Brotdoc
http://brotdoc.com
Meine eigene Brotbackseite

2 Homebaking Blog
http://www.homebaking.at/
Brotbackblog von Dietmar Kappl, österreichischer Meisterbäcker, gibt auch Brotbackkurse

3 Plötzblog
http://www.ploetzblog.de
Lutz Geißler, Deutschlands erfolgreichster Brot-Blogger und Buchautor, gibt auch Brotbackkurse

4 Bäckerlatein
http://www.baeckerlatein.de
Das Online-Lexikon zum Brotbacken

5 Hefe und mehr
http://www.hefe-und-mehr.de/
Biologin Stefanie hat viele tolle Anfängerrezepte und Tipps, gibt auch Brotbackkurse

6 Brotbackliebeundmehr
https://brotbackliebeundmehr.com/
Valesa Schells Seite mit vielen ausgewogenen Rezepten

7 Mipano
https://mipano.de/
Seite mit vielen nützlichen Tools und Suchmaschinen für Rezepte.

ONLINE-BROTBACKFOREN UND -GRUPPEN

Einen Großteil meines Wissens habe ich durch Mitgliedschaft in Online-Foren und Backgruppen erworben. Hier herrscht ein reger Austausch und es besteht jederzeit die Möglichkeit, bei Fragen kompetente Antwort zu bekommen.

1 Brotbackforum – die Hobbybäckerei
https://brotbackforum.iphpbb3.com
Dieses Forum habe ich in den Anfängen mitbegründet und jahrelang selbst betreut. Es hat viele hochkompetente Mitglieder, die gerne helfen.

2 Der Sauerteig
http://www.der-sauerteig.com/phpBB2/intro.php
Das Forum von Martin Stoldt und Marlene Lang. Hochkompetente Hilfe in allen Sauerteigfragen und zum Brotbacken allgemein

3 Facebook-Gruppe »Angebacken«
https://www.facebook.com/groups/angebacken/
Die Facebook-Gruppe von Lutz Geißler und mir – ganztägig kompetente Hilfe und interessante Neuigkeiten

4 Facebook-Gruppe »Brotbackliebeundmehr-Foodblog«
https://www.facebook.com/groups/785749074867453/
Die Gruppe von Valesa Schell – viele nette und kompetente Mitglieder, tolles Gruppenklima

5 Facebook Gruppe »Mipano«
https://www.facebook.com/groups/mipano/
Die Gruppe von Katja Schmid mit zugehöriger Internetseite, die viele nützliche Tools enthält

ONLINE-BEZUGSQUELLEN FÜR MEHL, ZUTATEN, GÄRKÖRBE ETC.

Die folgenden Online-Shops werden von mir regelmäßig genutzt.

1 Drax-Mühle
http://www.drax-muehle.de/
Mehle von herausragender Qualität aus regionalem bayerischem Anbau, allerlei Zutaten und Zubehör

2 Bio-Mühle Eiling
https://www.biomuehle-eiling.de/
Tolle Mehle aus rein biologischem Getreideanbau, vollkommen transparente Lieferkette

3 Adler-Mühle
http://www.adler-muehle.de/
Hervorragende Mehle vom Kaiserstuhl

4 Bongu
http://www.bongu.de
Der Online-Versand von Manfred Schellin für ausgesuchte Spezialmehle aus Frankreich, Italien und Österreich. Hier gibt es auch Fermentstarter für den eigenen Sauerteig und viele andere Dinge, die Sie sonst nirgendwo bekommen.

5 Brotkrümel
https://www.brotkruemel.com/
Der Online-Shop der Zeller-Mühle mit vielen guten Mehlen und interessanten Zutaten

6 Hobbybäcker-Versand
https://www.hobbybaecker.de/
Allerlei Zubehör und Zutaten

7 Minerva Handelsgesellschaft
https://www.teetraeume.de/index.php
Allerlei Zubehör und Zutaten, hier habe ich meine Kastenformen gekauft

Der Brotdoc
Dr. med. Björn Hollensteiner
BROTBACK-PLANER
Der Organizer für den perfekten Backtag
CHRISTIAN

IMPRESSUM

Verantwortlich: Sonya Mayer
Produktmanagement: Stefanie Gückstock
Redaktion: Dr. Regina Roßkopf
Korrektur: Susanne Langer-Joffroy
Layout und Satz: A flock of sheep
Umschlaggestaltung: Leeloo Molnár unter Verwendung von Fotos von Julia Hildebrand & Ingolf Hatz
Repro: LUDWIG:media
Herstellung: Anna Katavic
Text und Rezepte: Dr. med. Björn Hollensteiner
Food-Styling & -Fotografie: Julia Hildebrand
People- & Reportage-Fotografie: Ingolf Hatz
Illustrationen: S. 14: shutterstock.com/Nasky
Brotdoc-Logo: Jochen Hauer

Printed in Slovakia by Neografia

Unser Verlagsprogramm finden Sie unter

www.christian-verlag.de

Alle Angaben in diesem Werk wurden vom Autor sorgfältig recherchiert und auf den aktuellen Stand gebracht sowie vom Verlag geprüft. Für die Richtigkeit der Angaben kann jedoch keinerlei Haftung übernommen werden, weshalb die Nutzung auf eigene Gefahr erfolgt. Sollte dieses Werk Links auf Webseiten Dritter enthalten, so machen wir uns die Inhalte nicht zu eigen und übernehmen für die Inhalte keine Haftung.

★★★★★

Sind Sie mit diesem Titel zufrieden? Dann würden wir uns über Ihre Weiterempfehlung freuen.

Erzählen Sie es im Freundeskreis, berichten Sie Ihrem Buchhändler oder bewerten Sie beim Onlinekauf. Und wenn Sie Kritik, Korrekturen, Aktualisierungen haben, freuen wir uns über Ihre Nachricht an:

Christian Verlag
Postfach 40 02 09
D-80702 München
oder per E-Mail an lektorat@verlagshaus.de

Die Deutsche Nationalbibliothek verzeichnet diese Publikation in der Deutschen Nationalbibliografie; detaillierte bibliografische Daten sind im Internet über http://dnb.d-nb.de abrufbar.

4. Auflage

ISBN 978-3-95961-393-4

Zu S. 108: Natriumhydroxid (NaHO; Ätznatron) ist ein Gefahrenstoff und darf keinesfalls ohne Sicherheitsvorkehrungen und Schutzkleidung verwendet werden. Eine Haftung für durch die Verwendung von Ätznatron entstandene Sach- und/oder Personenschäden ist ausgeschlossen.